CONTENTS

〔実践報告〕

学生が主体的に行う認知症カフェの学習効果に関する研究
～ 学生に対するインタビューから見えてきたこと ～

静岡福祉大学社会福祉学部 准教授　楢木　博之

要旨

Ａ大学では、Ｂ町内において認知症カフェを2017年３月から2019年６月までに合計25回実施してきた。この活動は学生が主体になり、企画・運営を行っている。大学が認知症カフェを行う目的として、地域貢献という側面だけでなく、学生の主体的な学びを得る「教育の一環」としての意義が大きいと考えている。本論では、学生が認知症カフェを主体的に行うことにより、どのような学びを得ているのかについてインタビューを行い、学習効果を明らかにしていくことを目的としている。これまで認知症カフェの活動に参加してきた学生５名を対象にグループインタビューを実施した。その結果、大学内での授業だけでは体験できない実践的な学びを得ることができていることが明らかになった。学習効果としては、①対人援助技術の学びを得ている、②地域との関わりの変化を体感する、③自ら考え実行し振り返るプロセスを体感することの３つが挙げられる。

キーワード：認知症カフェ、多世代間交流、共生型オレンジカフェ、学習効果

１　はじめに

Ａ大学では、Ｂ町内において認知症カフェを2017（平成29）年３月から実施している。この活動は学生が主体になり、企画・運営している。町民への広報から毎回のプログラムの立案・実行まで、学生が自ら取り組んできたことで、地域との交流が生まれ、高齢者だけではなく小学生への学習支援も同時に行うという新たな展開が生まれてきた。これまで毎月１回（２月・８月除く）、合計25回（2019（令和元）年６月30日現在）の開催を通じて活動の幅も広がってきている。認知症カフェを開始して、活動が定着したことにより高齢者や子どもたちにとっての「地域の居場所」になりつつある。認知症カフェがＢ町内において、貴重な社会資源となってきたと言える。一方で、大学が認知症カフェを行う目的として、地域貢献という側面だけでなく、学生の主体的学びを得る「教育の一環」としての意義が大きいと考えている。そこで本論では、学生が認知症カフェを主体的に行うことにより、どのような学びを得ているのか等についての声を聞き、そこから学習効果を明らかにしていくことを目的としている。

2　認知症カフェの活動状況

認知症カフェとは、認知症の人やその家族、医療・福祉の専門職等が気軽に集まり、和やかな雰囲気のもと交流を楽しむ場所のことである。オランダでアルツハイマーカフェとして始まり、日本では、厚生労働省が2012（平成24）年９月に出した認知症施策推進５カ年計画（オレンジプラン）の中で、「平成25年度以降『認知症カフェ』（認知症の人と家族、地域住民、専門職等の誰もが参加でき、集う場）の普及などにより、認知症の人やその家族等に対する支援を推進」としている。また、2015（平成27）年１月に出した「認知症施策推進総合戦略（新オレンジプラン）～認知症高齢者等にやさしい地域づくりに向けて～」の中で、各市町村で実施することが求められるようになっていった。新オレンジプランでは認知症カフェは、「認知症の人やその家族が、地域の人や専門家と相互に情報を共有し、お互いを理解し合う場」として、全国各地で急増している。2015（平成27）年には、全国で2,253カフェが運営されている。その後も各市町村で増え続けている状況である。認知症カフェの運営主体は、主に地域包括支援センター、ボランティア団体であるが、少数ながら高校や大学が運営しているところもある。大学が認知症カフェを実施している先行研究として、上野山（2016）は子どもや学生が認知症カフェに参加することでの世代間交流の可能性を明らかにしている。田代ら（2019）は大学と地域住民が連携協働する認知症カフェが利用者にもたらす効果について明らかにしていた。楢木（2019）は人口減少と高齢化率の上昇という人口課題を抱えている地域で大学が新たな社会資源を作っていく意義について明らかにしている。このように大学や学生が認知症カフェに参加することによる参加者や地域にとっての効果は明らかにされている。学生側の学習効果についての先行研究は、二宮（2017）が保健師教育において認知症カフェプログラムがカリキュラムにおいて妥当であることを明らかにしている。また、中司（2017）は「ガーデンカフェ」と「平大認知症カフェ」の取り組みを紹介しながら、「地域の専門職と親しく関係をつくることができ、知識や技術を目の前でみて、聞いて学ぶことができる教育的効果が得られる意義がある」としている。このように認知症カフェをとおして専門職と関わることでの教育効果を明らかにしている。しかし学生が認知症カフェを主体的に行うことによる学習効果までは報告されていない。

3　A大学の活動状況

A大学で行っている認知症カフェの活動状況を紹介する。（表１）運営者は、教員・学生・卒業生・地域ボランティアで、その中でも学生が主体となって活動している。参加者は、B町内高齢者・民生委員・福祉関係者・高校生・未就学児・小学生、観光客等である。2016（平成28）年11月にプレオープン、2017（平成29）年３月より毎月１回定期開催（２月・８月を除く）し、2019年６月までに合計25回実施してきた。参加者の合計は延べ202名（うち未就学児・小学生の子ども延べ83名）、１回の平均が８名（うち未就学児・小学生の子ども3.3名）、運営者の数は延べ243名（うち学生155名・卒業生41名）、１回の平均が9.7名（学生6.2名・卒業生1.6名）であった。参加学生は社会福祉士・介護福祉士・保育士という福祉関係資格取得を目指す者と、僧侶を目指す者が参加している。

表１　A大学認知症カフェ実施状況

回数	開催日	参加人数	運営者
１回目	2016(平成28)年11月12日(土)	10名	12名(学生７名卒業生２名教員２名ボランティア１名)
２回目	2017(平成29)年３月11日(土)	15名	10名(学生７名卒業生２名教員１名)
３回目	2017(平成29)年４月15日(土)	10名	10名(学生４名卒業生３名教員２名ボランティア１名)
４回目	2017(平成29)年５月14日(日)	９名(小学生１名)	９名(学生６名卒業生２名教員１名)
５回目	2017(平成29)年６月11日(日)	５名(小学生１名)	12名(学生９名卒業生２名教員１名)
６回目	2017(平成29)年７月８日(土)	８名(未就学児･小学生２名)	16名(学生８名卒業生５名教員２名高校生ボランティア１名)
７回目	2017(平成29)年９月16日(土)	５名(未就学児･小学生２名)	10名(学生５名卒業生２名教員２名ボランティア１名)
８回目	2017(平成29)年10月７日(土)	８名(未就学児･小学生２名)	７名(学生４名教員２名ボラ１名)
９回目	2017(平成29)年11月12日(土)	３名(未就学児･小学生２名)	６名(学生４名教員１名ボランティア１名)
10回目	2017(平成29)年12月15日(土)	７名(未就学児･小学生２名)	７名(学生５名卒業生１名教員１名)
11回目	2018(平成30)年１月13日(土)	５名(未就学児･小学生２名)	13名(学生８名卒業生３名教員１名ボランティア１名)
12回目	2018(平成30)年３月11日(日)	９名(未就学児･小学生２名)	10名(学生８名教員２名)
13回目	2018(平成30)年４月21日(土)	９名(未就学児･小学生２名)	６名(学生５名教員１名)
14回目	2018(平成30)年５月13日(日)	５名(未就学児１名･小学生４名)	８名(学生４名卒業生２名教員１名ボランティア１名)
15回目	2018(平成30)年６月３日(日)	７名(未就学児１名･小学生３名)	13名(学生９名卒業生３名教員１名)
16回目	2018(平成30)年７月14日(土)	１名(小学生１名)	11名(学生８名卒業生２名教員１名)
17回目	2018(平成30)年９月15日(土)	４名	７名(学生４名卒業生１名教員２名)

回数	開催日	参加人数	運営者
18回目	2018(平成30)年10月14日(日)	10名(未就学児１名・小学生５名)	９名(学生６名卒業生１名教員２名)
19回目	2018(平成30)年11月10日(土)	２名	８名(学生６名教員１名ボランティア１名)
20回目	2018(平成30)年12月15日(土)(子ども食堂同時開催)	15名(未就学児３名８名)	９名(学生７名・卒業生１名・教員１名)
21回目	2019(平成31)年１月12日(土)	11名(未就学児３名小学生５名)	10名(学生７名・卒業生２名・教員１名)
22回目	2019(平成31)年３月９日(土)	８名(未就学児３名小学生３名)	６名(学生２名・卒業生２名・教員２名)
23回目	2019(平成31)年４月13日(土)	９名(未就学児３名小学生３名)	７名(学生３名・卒業生２名・教員２名)
24回目	2019(令和元)年５月12日(日)	10名(未就学児３名小学生３名)	14名(学生９名・卒業生３名・教員２名)
25回目	2019(令和元)年６月８日(土)	17名(未就学児３名小学生９名)	10名(学生９名・教員１名)

認知症カフェの特徴としては、子どもたちへの学習支援活動を同時に行っていることである。2017年５月から近隣の未就学児と小学生が遊びに来るようになり、学生たちと関わる中で参加が定着していった。そうであれば認知症カフェだけではなく、子どもの学習支援も一緒に行えばいいのではないか、と参加学生から声があがり、2017（平成29）年11月より、認知症カフェと子どもの学習支援を同時に行う「共生型オレンジカフェ」を立ち上げることになった。当初は子ども数名の参加しかなかったが、2018年12月に子ども食堂を同時開催して以降、未就学児と小学生の参加が定着しつつある。子どもの増加に合わせて高齢者の参加も定着してきている。このような状況から認知症カフェが未就学児と小学生、大学生、教員、高齢者と幅広い年代層が集う「多世代間交流」の場になってきている。

４　研究方法

これまで認知症カフェの活動に参加してきた学生５名を対象にグループインタビューを実施した。５名の内訳は福祉関係資格（社会福祉士・介護福祉士・保育士）取得を目指す学生４名と僧侶を目指す学生１名であった。（表２）５名の選定理由は、認知症カフェの企画から当日の運営まで主体的に活動を行っており、かつ２年以上参加している学生全員とした。

表2　インタビュー対象者

学年（インタビュー時）	目指す資格	認知症カフェ活動期間
3年生	社会福祉士・保育士	2年間
3年生	社会福祉士・保育士	2年間
3年生	社会福祉士・介護福祉士	2年間
4年生	社会福祉士・介護福祉士	3年間
4年生	僧侶	2年間

「何故、認知症カフェの活動に参加しているのか」「カフェをとおしてどのような学びを得ることができたのか」「どのようなことを課題に感じているのか」等を中心に半構造化面接を行った。インタビュー終了後はICレコーダーで録音したデータについてテープ起こしを行い、学生の発言の中で認知症カフェに参加して学びになったことを中心にラベル化していった。作成したラベルから類似性を持ったラベルをサブカテゴリーに分けた。そしてサブカテゴリーを更に類似性を持ったカテゴリーに再編し、表札を作成していった。その後、カテゴリー・表札同士の関係性を矢印で結ぶ図解化を行っていった。

倫理的配慮としては、本研究は身延山大学研究倫理規定に基づき、教授会の承認を得て実施している。調査対象者に事前に書面にて、調査結果は研究目的のみに使用すること、得られた情報はデータや個人が特定されないよう処理すること、データは施錠できるところに保管し、取り扱いは研究者のみが行う等のことを説明し、同意を得た。具体的には以下の通りである。

・インフォームドコンセント

事前に書面にて以下の事柄を説明し、同意を得る。①研究概要、②調査への協力は任意であり調査実施途中であっても辞退できること、③不参加や中途での辞退によって対象者に不利益が及ぶことはないこと、④調査結果は研究目的のみに使用すること、⑤得られた情報はデータや個人が特定されないよう処理すること、⑥データは施錠できるところに保管し、取り扱いは研究者のみが行う。

これらの説明は調査実施当日にも確認し、同意書を書面で回収することで研究活動への同意を得た。

・個人情報の保護

得られたデータを電子記憶媒体で保存する際にパスワード保護を行う。データは研究者が管理し、研究終了後は、データを破棄した。

5　研究結果

表札は①「話す・聴く技術を高める」②「人の理解」③「自分たちで考えて創り出す機会」④「地域との繋がりを実感」の４つに分けられた。

①「話す・聴く技術を高める」は更に「コミュニケーション能力の向上」「思いを引き出す傾聴力を身につける」「他者に伝える技術を身につける」の３つのカテゴリーに分けられた。「コミュニケーション能力の向上」では、「コミュニケーションの課題」「相手に応じたコミュニケーション」「相手への印象」の３つのサブカテゴリーに分けられた。「思いを引き出す傾聴力を身につける」では、「傾聴の機会」「思いを引き出す聴き方」の２つのサブカテゴリーに分けられた。「他者に伝える技術を身につける」では「人に伝える方法」「人前で話す機会」の２つのサブカテゴリーに分けられた。

②「人の理解」では、「多角的に人の理解ができる」「自分のことを知ることができる」の２つのカテゴリーに分けられた。「多角的に人の理解ができる」では、「いろいろな人と関わる」「多角的な理解」の２つのサブカテゴリーに分けられた。「自分のことを知ることができる」では、「自分の強みの理解」「強みを活かす」の２つのサブカテゴリーに分けられた。

③「自分たちで考えて創り出す機会」では、「考える力」「創り出す力」の２つのサブカテゴリーに分けられた。

④「地域との繋がりを実感」では、「地域の理解」「地域とのつながり」の２つのサブカテゴリーに分けられた。詳細は表３「認知症カフェでの学びの分類」のとおりである。

表３　認知症カフェでの学びの分類

表　札	カテゴリー	サブカテゴリー
話す・聴く技術を高める	コミュニケーション能力の向上	コミュニケーションの課題
		相手に応じたコミュニケーション
		相手への印象
	思いを引き出す傾聴力を身につける	傾聴の機会
		思いを引き出す聴き方
	他者に伝える技術を身につける	人に伝える方法
		人前で話す機会

表　札	カテゴリー	サブカテゴリー
人の理解	多角的に人の理解ができる	いろいろな人と関わる
		多角的な理解
	自分のことを知ることができる	自分の強みの理解
		強みを活かす
自分たちで考えて創り出す機会	自分たちで考えて創り出す機会	考える力
		創り出す力
地域との繋がりを実感	地域との繋がりを実感	地域の理解
		地域とのつながり

図解化したものが図１「認知症カフェ学びの図」のとおりである。表札の「話す・聴く技術を高める」のカテゴリーである「コミュニケーション能力の向上」と「思いを引き出す傾聴力を身につける」「他者に伝える技術を身につける」が繋がるとして、それぞれ両方向に矢印で結んだ。また「話す・聴く技術を高める」と「人の理解」は相互に連動するものとして両方向に矢印で結んだ。「話す・聴く技術を高める」ことで、他者の理解と自身の理解に繋がり、それが更に「話す・聴く技術を高める」ことに繋がっていると考えられる。

具体的な内容として表札「話す・聴く技術を高める」は、学生たちが多く語っていたことである。カフェの活動をとおして、「コミュニケーション能力の向上」「思いを引き出す傾聴力をつける」「他者に伝える技術を身につける」ことができていると感じていた。「コミュニケーション能力の向上」のサブカテゴリー「コミュニケーションの課題」では、「コミュニケーションの課題を見つけることができた」「子どもや高齢者、来てくれた人に気軽に話しかけるようになることが課題」という声があった。「相手に応じたコミュニケーション」では、「子どもによって声かけの仕方が違ってくる」「人によって私の立ち位置が変わってくる」「高齢者と話をする上で必要な知識があると気づけた」といった意見があった。「相手への印象」では、「子どもから高齢者まで関わる中で自分の第一印象、与えている印象を良くすること」「ほとんどの人が初めて会う中で話をしないといけないので、第一印象がすごく大切であることを実感できた」との意見があった。「思いを引き出す傾聴力を身につける」のサブカテゴリーとしての「傾聴の機会」では、「いろいろな話を聞くことで、その人が何を求めているのか、どんなことを悩んでいるのか、今必要とされていることを聞くことができる」「思いを引き出せるのかを練習させていただいている」との意見があった。「他者に伝える技術を身につける」のサブカテゴリーとしての「人に伝える方法」では、

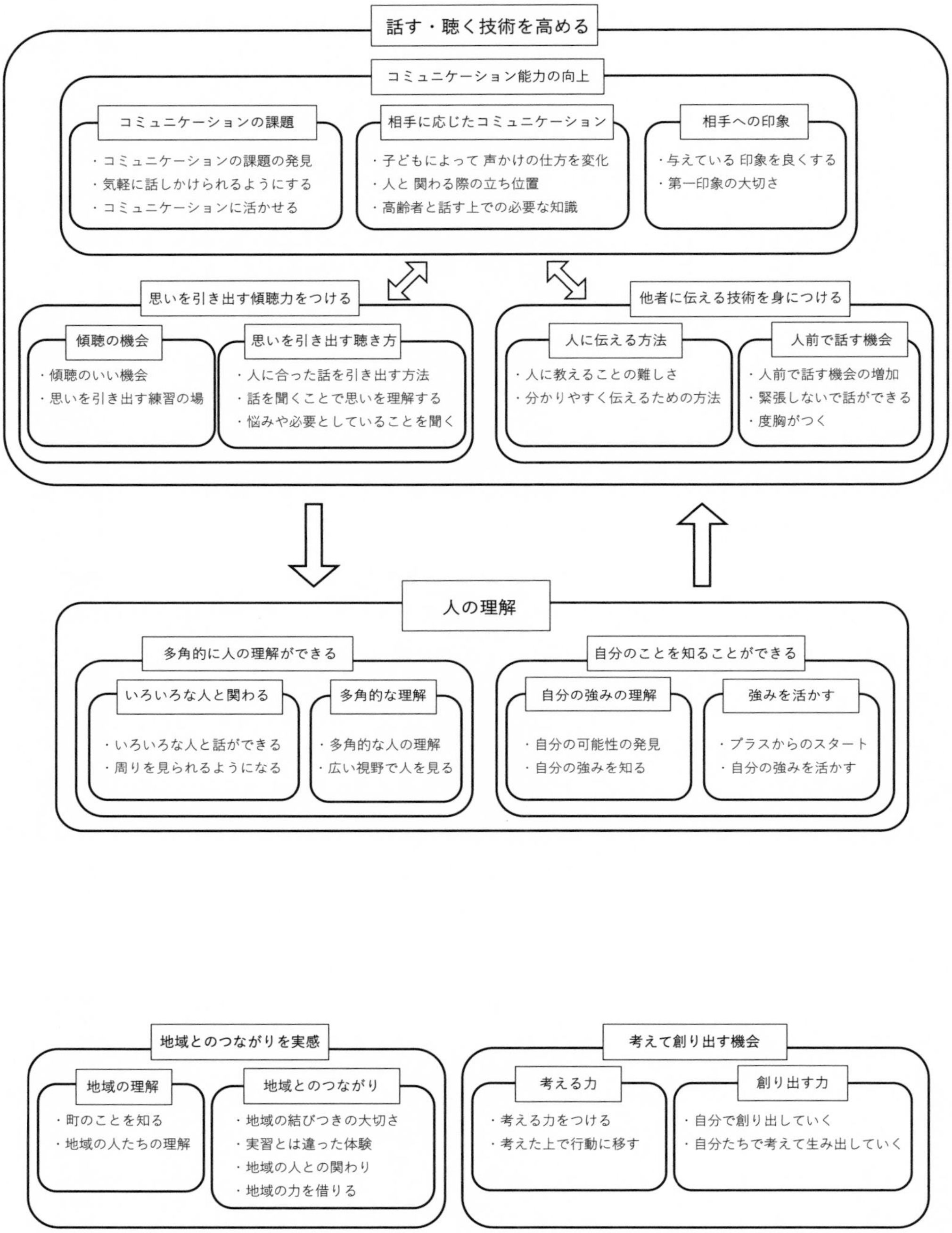

図１　認知症カフェ学びの図

「人に教えることの難しさを感じている。リアクションや反応を見てこうすればいいのでは、と試行錯誤しながら行っている」「もう少し分かりやすく伝えるためにどうしたらいいのか」との声があった。「人前で話す機会」では、「活動日以外でも認知症カフェのことで、人前で話す機会が増えた」「人前で話すときに自分はこんなに緊張しないで話せるのだと知ることができた」「人前で話すことで度胸がついた」との声があった。福祉専門職の資格を目指している学生だけでなく、僧侶を目指す学生からも、「人に合った話を引き出す方法を身につける機会になっている」等の意見が聞かれた。「話す・聴く技術」については、福祉専門職・僧侶養成の授業の中で学ぶ対人援助技術として学生たちが言語化していた。

表札「人の理解」では、「多角的に人の理解ができる」という他者の理解と、「自分のことを知ることができる」という自分自身の理解、の意見があった。活動をとおして高齢者や子どもたちだけではなく、自分自身の強みを再発見できる機会になっている、とのことであった。「多角的に人の理解ができる」では、「いろいろな人と関わる」として、「幅広い年代の方とコミュニケーションを取ることができる」「視野が狭いので、周りを見られるようにならないといけない」との声があった。「多角的な理解」では、「多角的に物を考える目線をいただけた」「人の背景も広い視野で見ることができる」との声があり、いろいろな世代の人たちの話を聴くことで人によってさまざまな考えがあることを理解できる機会になっていた。「自分のことを知ることができる」では、「自分の強みの理解」として、「自分でこんなにできるのだ、ということを知ることができた。自分の可能性を発見することができた」「自分の強みを知ることができるようになってきている」との声があった。「強みを活かす」として、「私にもできるかもしれない、というプラスからのスタートだったらもっとできる」「自分の強みを活かして『あっ、これだったら自分が一番だ』くらいの気持ちを持つことができる」と自信を持てる機会になっていた。

表札「考えて創り出す機会」では、「考える力」と「創り出す力」が必要で、認知症カフェが自分たちで考え、創り出す機会になっている。「考える力」では、「自分で考える力がつくようになると思う。言われたことだけをやるのではなく、今何が必要なのか、何が足りていないのかを自分で考えることができる」「言われていない必要なことを自分で考えて、考えた上で行動に移すことができるようになってくる」等の声があった。「創り出す力」では、「参加者の要望を受けつつ、要望にどう応えていくのか。全部に答えるのではなくて、実現性が高いものを自分たちで考えていく、生み出していく」「自分が何かを考えて、何かを創り出してそれをお客さんに提供する」等の声があった。

表札「地域との繋がりを実感」では、「地域の理解」と「地域とのつながり」の２

つのカテゴリーに分かれた。「地域の理解」では、「高齢者から話を聴くことで、自分たちの知らない町のことを知ることができた」「専門機関も住民も理解してくれることがすごく大切だということが分かった」との声があった。「地域とのつながり」では、「地域との結びつきが大切だ、ということを知れた」「地域での力を借りなければと今のカフェは成り立っていかない」「この活動をとおして地域の人たちと関わることができるようになった」「商店街に買い物に行ったときに、お店の人からカフェのことで声をかけてもらえる」「就学している子どもとの関わりは実習では得られない」等の声があった。認知症カフェを開催する時に、毎回商店街の方が学生たちに声をかけてくれたり、お茶菓子をくれたりするので、学生たちは認知症カフェの活動が地域に繋がってきていることを体感できてきている。

6　考察

認知症カフェを学生が主体的に行うことの学習効果は、大学内での授業だけでは体験できない学びを得ることができていると言える。学習効果としては、①対人援助技術を体感して学びを得ている、②地域との関わりの変化を体感する、③自ら考え実行し振り返るプロセスを体感することの３つが挙げられる。

①の対人援助技術を体感して学びを得ているでは、認知症カフェで実際に高齢者・子どもたちと関わっていくことで、大学の授業で学んでいる対人援助技術を体感することができている。認知症カフェには未就学児から高齢者まで幅広い世代の人が参加しているので、個々に応じたコミュニケーションをとることが必要になってくる。言葉かけの仕方、話の聴き方を意識してコミュニケーションを行うことが、話す・聴くという対人援助技術を高めることに繋がっている。また、認知症カフェの取り組みをＢ町内の町民や学校関係者等の前で話す機会もあり、プレゼンテーション力の向上にもなっている。いろいろな人と関わる中で、どのような生活を送っているのか等の話をすることでその人の理解に繋げていた。それだけではなく人前で話すのが増えたことで、自分自身の力を認識する機会にもなっていた。これらの学びは、コミュニケーション力、アセスメント力、自己理解に繋がっており、正しく対人援助技術の学びを得ているということができる。対人援助技術の学びについては福祉関係資格を目指す学生だけでなく、僧侶を目指している学生もその必要性を感じていた。福祉専門職はクライエント、僧侶は檀家等の話を聴くことが求められ、それぞれの養成教育においても授業を受けているが、実際にさまざまな世代の人と関わりながら体験的に学ぶ機会は少ない。認知症カフェの活動は、福祉専門職を目指す学生、僧侶を目指す学生両方が実際

の関わりをとおして対人援助技術を体感しながら学ぶことのできる場になっている。

②の地域との関わりの変化を体感するでは、認知症カフェの活動がＢ町のことを知る機会になっていたことと、Ｂ町内の人たちに少しずつ浸透している変化を体感したことである。地域の高齢者や小学生からＢ町のことについての話を聴くことで、地域の理解に繋がっていった。また、活動を行う度に学生たちが自ら商店街を歩き、認知症カフェをPRしていく中で徐々に活動が浸透していき、お店の方からお菓子を差し入れしてくれたり、声をかけてくれたりする機会が増えていった。これらの体験から、地域のことを知る機会になっただけではなく、学生自らが地域住民と繋がりを作っていくことで変化が生じていくことを実感できる場となった。また、この活動が学生たちだけではなく、地域の人たちの協力がなければ継続することができないことも実感する機会になっている。

③の自ら考え実行し振り返るプロセスを体感するでは、学生たちが主体的に活動の企画・運営、その後の振り返りを行っていき、次回の企画を考えていくことを毎回繰り返している。この体験は、自分たちが認知症カフェを創りあげている、という意識にも繋がっている。そして活動をとおして学生たちが自ら考え行動する力を実践的に身につける機会になっている。このような体験は、大学教育改革の中で言われている「主体的に学び・考え・行動する人材を育成する大学」を実践できる場になっている。

このように学生が大学のある地域の中でさまざまな世代の人たちと関わりながら、主体的に認知症カフェを創りあげていくという体験をとおして、対人援助技術を高めるだけではなく、自分たちで考え、実行していくことができるようになったという学習効果があった。今回の研究は認知症カフェの活動を行っている学生にインタビューを行ったため、卒業後、どのような学習効果があったのかまで検証できていない。今後は、本活動で学んだことが卒業してからどう活かされているか、卒業生にもヒヤリングして学習効果を更に検証したいと考えている。

文献

上野山裕士（2016）「認知症カフェにおける世代間交流：地域インターンシップ・プログラムでの実践を事例に」観光学（14）33-47

厚生労働省（2012）「認知症施策推進５カ年計画（オレンジプラン）」
（https://www.mhlw.go.jp/stf/houdou/２r9852000002j８dh-att/２r9852000002j８ey.pdf 2019.11.15）

厚生労働省（2015）「認知症施策推進総合戦略（新オレンジプラン）～認知症高齢者等にやさ

しい地域づくりに向けて～」
（https://www.mhlw.go.jp/file/04-Houdouhappyou-12304500-Roukenkyoku-Ninchishougyakutaiboushitaisakusuishinshitsu/02_1.pdf　2019.11.15）

社会福祉法人東北福祉会認知症介護研究・研修仙台センター（2017）「認知症カフェの実態に関する調査研究事業　報告書」
（https://www.mhlw.go.jp/file/06-Seisakujouhou-12300000-Roukenkyoku/97_touhokuhukushi.pdf　2019.11.25）

第63回社会保障審議会介護保険部会（2016年）「認知症施策の推進（参考資料）」
（https://www.mhlw.go.jp/file/05-Shingikai-12601000-Seisakutoukatsukan-Sanjikanshitsu_Shakaihoshoutantou/0000136024.pdf　2019.11.25）

田代和子　小板橋恵美子　平澤マキ　村杉恵子　岡本あゆみ　鵜野澄世　本吉杏奈（2019）「大学と地域住民が連携協働する『認知症カフェ』の開催が利用者にもたらす成果―グループインタビューによる質的分析―」淑大看栄紀要（11）19-29

中司登志美（2017）「大学が認知症カフェに取り組む意義『ガーデンカフェ』と『平大認知症カフェ』に取り組んで」認知症ケア事例ジャーナル（10-1）3-8

楢木博之（2019）「仏教系大学における地域福祉活動の意義～認知症カフェを立ち上げて～」日本仏教社会福祉学会年報（49）11-22

二宮一枝（2017）「保健師教育における認知症カフェを用いた状況的学習カリキュラムの評価（第１報）」岡山県立大学教育研究紀要（2-1）113-123

文部科学省（2012）「大学改革実行プラン～社会の変革のエンジンとなる大学づくり
（http://www.mext.go.jp/b_menu/houdou/24/06/__icsFiles/afieldfile/2012/06/05/1312798_01_3.pdf　2019.11.30）

（2019年12月12日　受理）

A Study on Learning Effects Obtained by Student' Proactively Operating Dementia Cafe

:What Have been Revealed from Interview with Students

NARAKI Hiroyuki (Shizuoka University of Welfare)

Abstract

A University had been operating a dementia cafe in B Town 25 times in total during the period from March 2017 to June 2019. This initiative is designed and implemented mainly by students. It is thought that the university's purpose in operating the dementia cafe is to rather pursue significance as "a part of education" in which students can proactively learn than contributing to the community. Accordingly, the purpose of this paper is to reveal the educational effects obtained by students' proactively operating the dementia cafe by interviewing them about what they learn through it. A group interview was conducted with the five students who had been involved in the activities of the dementia cafe until then. Consequently, it was found that they could engage in practical learning that they could not have experienced only via university classes. Specifically, there were the three Learning effects: (1) Learning interpersonal help skills, (2) Having the first-hand experience of the involvement in a community, and (3) Actually going through the process of voluntarily thinking, taking actions and doing reviews.

Key word :

Dementia café, Multi-generational exchange, Symbiotic orange café, Learning Effects

〔研究ノート〕

大都市自治体行政における仏教的手法との協働による独居高齢者の社会的孤立問題への支援について

豊島区職員　常松　洋介

抄録

豊島区は、全国で一番、単身の高齢者の割合の多い市である。また、単身高齢者のうち民間賃貸住宅に住む人の割合も多い。豊島区のアンケートから、民間賃貸住宅に住む人々は、近隣住民とコミュニケーション頻度が少ないという課題が明らかになった。

本稿では、全国的な高齢者の孤立の状況についてのアンケート結果や日本人の意識の変化等についても検討した。豊島区だけでなく、高齢者の不安解消のための取り組みが必要と考えられる。各種調査を踏まえると、宗教による不安解消も期待され、単身高齢者の参加しやすいコミュニティづくりが重要である。

豊島区は、単身高齢者が賃貸住宅の入居契約を支援する仕組みづくりを進めている。その上で、入居契約のサポートを受ける単身高齢者にセミナー等の情報を提供すること等を検討している。その際、高齢者クラブなどと協力して、セミナーに仏教的な内容を含めることを検討し取り組みの支援策と課題について考察する。

キーワード：単身高齢者、孤立、宗教による不安解消、入居サポート

1．はじめに

2008年、厚生労働省において「高齢者等が一人でも安心して暮らせるコミュニティづくり推進会議―（『孤立死』ゼロを目指して）」が開催された。同年、内閣府「高齢者の地域社会への参加に関する意識調査」が行われ、2010年には『高齢社会白書』に「高齢者の社会的孤立と地域社会～『孤立』から『つながり』、そして『支え合い』へ」と題する節が設けられている。折しも、同年１月31日、NHK が「無縁社会～“無縁死”３万２千人の衝撃」を放送した。

国ばかりでなく自治体も様々な取り組みを進めているが、『高齢者の社会的孤立の防止対策等に関する行政評価・監視結果に基づく勧告』（2013年４月総務省）などに見られるように、状況の改善は容易ではない。

先行研究として、斉藤[1] は核家族や義親同居型などの類型から一人暮らしに至る経緯等について分析している。また、斉藤[2] は、社会的孤立という問題に関して、その

操作的な定義を含めて主要な知見をレビューし、今後さらに検討されるべき課題を整理されている。

河合[3)]は、親族・家族と地域ネットワークから孤立状態について東京都港区と横浜市鶴見区での調査をもとに分析しており興味深い。

このように、国や各自治体の十年以上にわたる様々な取り組みや、先行研究がある中、本稿では大都市の基礎自治体における地域特性と、全国に敷衍可能な対象特性を踏まえつつ、二つの課題に着目した社会的孤立への支援策とその課題を紹介したい。

本稿では、筆者が豊島区福祉総務課長及び保健福祉部長を務め、単身高齢者の孤立を解消していく必要性を痛感したこと、そして、同じ時期に、誰もが避けることのできない死への心構えを日本人が考えるうえで重要な仏教を学ぶ機会を得たことから、身近に接する多くの単身者が終末期に向けた高齢期を健やかに過ごすために仏教へ期待する事柄について考察し、あわせて実践に向けての研究を現時点で整理したものである。行政としては、仏教のみと特別に対応できないことは当然であるが、本稿においては仏教に焦点を絞って記述することとする。なお、本稿の論考は筆者個人の見解であり、筆者の所属する組織としての見解を示すものではない。

２．豊島区の特性と福祉課題

豊島区は、池袋を中心に繁華街と住宅街がモザイクのように混在する13㎢に29万人が暮らす基礎自治体である。また、豊島区は、全国の市町村で最も人口密度が高い。

豊島区の福祉課題の特徴として（図１）のように75歳以上に占める独り暮らし高齢者の割合が高いことがあり、山間部や島しょなどの町村を除く、市の中では全国一で、全国平均の約２倍近い比率となっている。生活利便性が高く、ワンルームマンションや古くからのアパートも多いなど、年齢にかかわらず、単身での生活を維持しやすく、日常を過ごせる基盤があるためと考えられる。

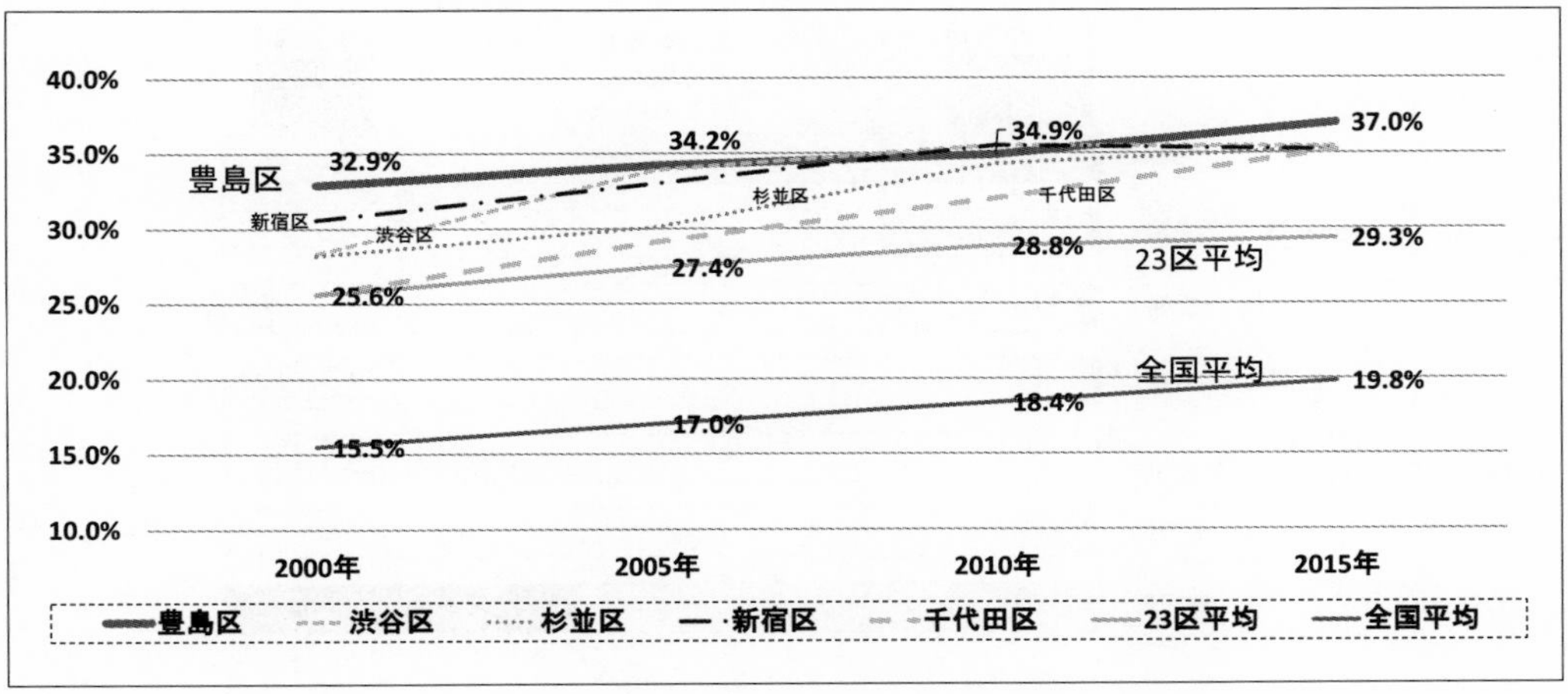

（図１）75歳以上の一人暮らし高齢者割合

国勢調査より作成（豊島区総合高齢社会対策推進協議会2019年７月12日資料）

もう一つ、豊島区の福祉課題の特徴として、居住形態によるコミュニティとの関係性に差が大きいということがあげられる。

豊島区の調査[4]では、（図２）のように「共同住宅、特に賃貸の居住者」が「近隣との付き合いがほとんどない」という回答が35.0%となっており、「戸建て持ち家居住者」の3.7%、「戸建て賃貸居住者」5.6%などに比べて極めて高い比率である。また、同じ共同住宅でも、「分譲居住者」は22.2%であり、「共同住宅賃貸居住者」は、「分譲共同住宅居住者」の1.5倍の比率となるなど、民営借家の居住者の近隣関係の希薄さが明らかとなっている。

そして、『豊島区住宅マスタープラン』[5]によれば、豊島区は「民営借家」に住む単身高齢者の割合が他区に比べて高い。23区平均の30.3%に対し、豊島区は43.5%、第二位の中野区39.1%に比較しても高い。また、住宅の所有関係と世帯構成を調べてみると、同じ豊島区内での高齢の夫婦のみ世帯の民営借家等の割合の17.4%と比べても、単身高齢者の民間借家率が約３倍となっており極めて高い。

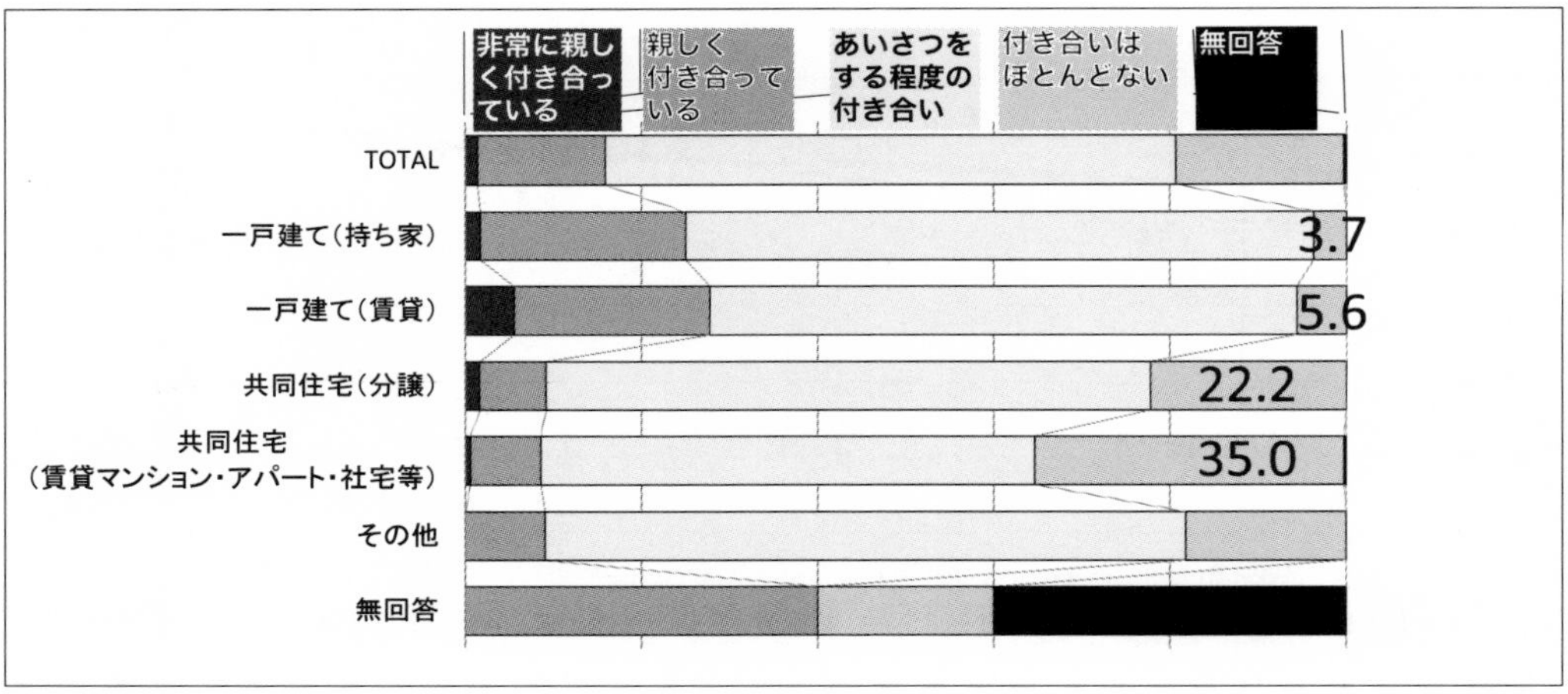

（図２）近隣との日常の付き合い程度

「地域保健福祉計画改定のための区民意識・意向調査報告書」（2017年３月）より著者作成

次に、別の豊島区調査[6)]では、豊島区に住所を有する20歳～79歳の男女に、自身の最期の場所のイメージについての調査に対し、「わからない」（22.3%）と「特にない」（15.9%）との回答の合計が38.2%となっている。これは、自らの臨終の場所として用意された選択肢である、自宅（37.0%)、特養ホーム等（6.4%)、病院（15.9%）などを最後の場所とする可能性を実感できないで、最期を迎える場所へのイメージを持てない人が４割近くいることを示している。

この比較対象として、厚生労働省の調査[7)]を見ると、「どこで最期を迎えたいですか？」との設問に69.2%が「自宅」と回答し、介護施設（特養ホーム等）が1.4%、医療施設（病院）が18.8%であり、無回答は10.5%である（図３)。

選択肢の設定の違い（区調査は「わからない」を含む）があるものの、医療機関（病院）や福祉施設（特養ホーム等）をイメージする者の比率は約２割（区22.3%、国20.2%）とほぼ同様であるが、その２割以外の人たちの「自宅」と「無回答」あるいは「わからない」との構成比がまるで異なっている。特に自宅での死への期待（可能性）は全国に比べ著しく低いことが豊島区の特徴である。

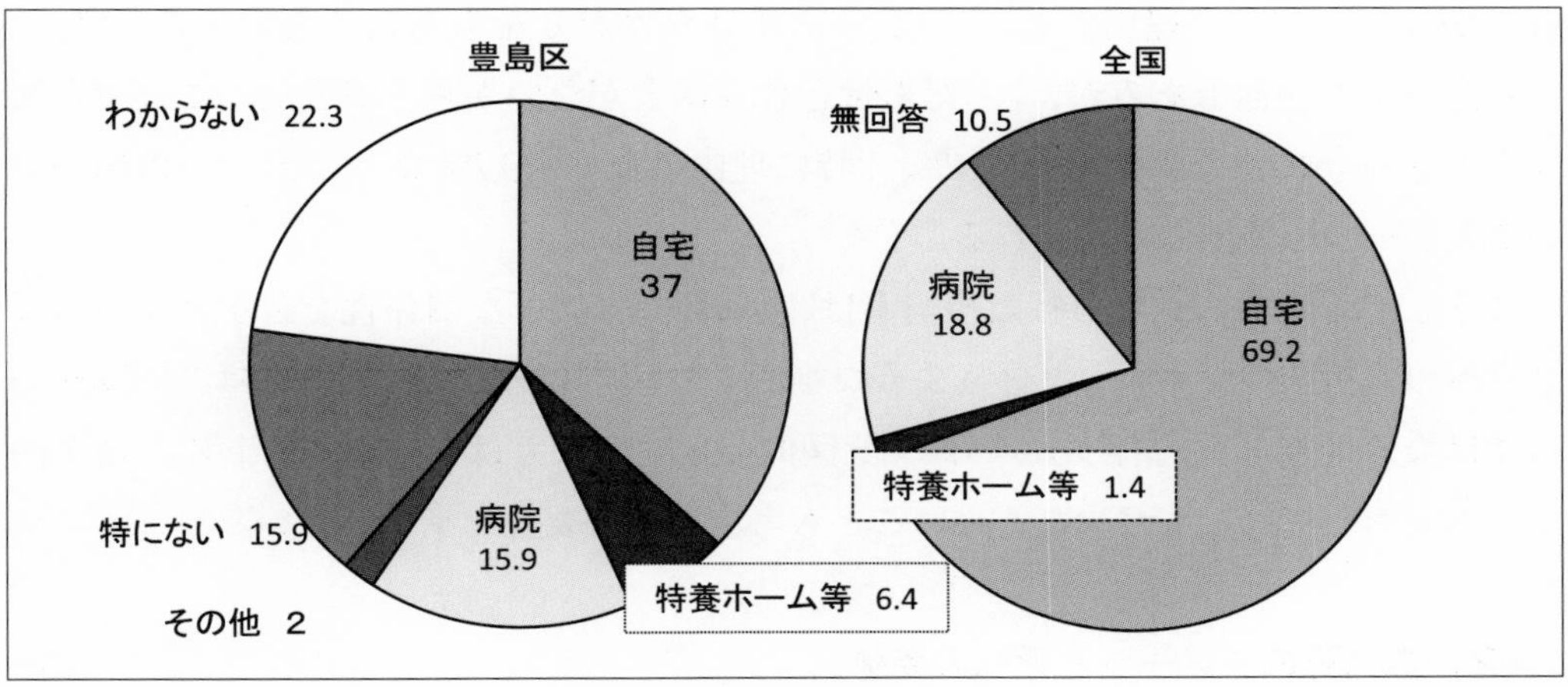

（図３）最期を迎える場所のイメージ
「豊島区健康に関する意識調査」（平成29年）と厚生労働省「人生の最終段階における医療に関する意識調査」（平成30年）より著者作成（双方の選択肢により標記が異なるため国調査設問標記「介護施設」等を区調査標記の「特養ホーム等」に合わせて標記している）

３．単身高齢者の福祉ニーズ

豊島区だけでなく全国的な課題のなかでも、厳然としたライフステージでありながら、行政としての対応をすることが困難な「死」への人びとの姿勢や思いに着目して単身高齢者を中心とした福祉ニーズや課題について検討を加えてみる。

（１）世帯類型と生活課題

平成30年に実施の全国60歳以上の男女を対象に行われた内閣府「高齢者の住宅と生活環境に関する意識調査」[8)] によると、「世帯類型別」の生活意識を見たときに、「困ったときに頼れる人がいない」人の出現率について、男女とも単身世帯は「頼れる人がいない」の出現率が高い。男性は21.6%と女性の出現率8.0%の２倍以上となっている。

あわせて、国立社会保障・人口問題研究所[9)] における「コミュニケーション頻度」の性別による差を見てみれば、「ふだんの会話頻度」が「２週間に１回以下」は、単身高齢で男性が女性の３倍、非高齢でも男性が女性の約２倍となり、「その他の世帯」と比べると、高齢男性単身は、「夫婦とも高齢世帯」の約７倍と顕著に高くなっていることが確認できる。

ではなぜ、「付き合いがほとんどない」状態になるのだろうか。

内閣府「高齢者の地域におけるライフスタイルに関する調査」[10)] によれば、「付き合いがほとんどない理由」としては、「あまりかかわりをもちたくないから」21.4%など意識的な側面もあるが、「ふだん付き合う機会がないから」27.2%、「ご近所と知り合うきっかけがないから」18.4%、「特に理由はない」9.7%など、出会いの場がないことが一つの要因と考えられる。

こうしてみると、筆者ら行政担当者は、「都会では濃厚な関係性を苦手とする《匿名性への》指向性が高い」というような推測する傾向もあるが、実際には、「意識的」にではなく「無自覚的」、あるいは「意図的」というよりは「非選択的」に、結果的に「孤立」している人が少なくないことも考慮する必要性を指摘したい。

（2）孤独死のイメージと死への姿勢

内閣府「高齢者の住宅と生活環境に関する意識調査」[11]では「孤独死（誰にも看取られることなく、亡くなったあとに発見される死）について身近な問題だと感じるか」の調査も行われている。その結果から、孤独死を「非常に感じる」と「まあまあ感じる」の合計を、比較すると、「（地域と）親しく付き合う」では38.0%であるの対し、「（地域と）付き合いがない」では45.2%と、その差、7.2%分、不安感がやや強い傾向が見て取れる。

また、内閣府「高齢者の地域におけるライフスタイルに関する調査」[12]において「あまり感じない」と「まったく感じない」の合計を比較してみても、「（地域と）親しく付き合う」では60.5%であるのに対して、「（地域と）付き合いがない」では50.5%と10.0%分、「（地域と）親しく付き合う」方が、不安感が少ない傾向である。

「孤独死のイメージ」については、小谷[13]によると、「孤独死」は「かわいそう」というイメージが強い一方、生活困窮との関連については、「そう思わない」「あまりそう思わない」が多い。これは、経済的に困窮していなくても孤独死のリスクがあると考え、主に心理的な「かわいそうさ」を感じているものと推察する。

以上のように、「孤独死について身近な問題だと感じるか」については、「近所と親しく付き合っている」人のほうが楽観的であり、そうでない人の方が「不安に感じる」傾向が強くなっている。そして、なぜ「付き合いがほとんどない」状態になるのかについては、「ふだん付き合う機会がないから」「ご近所と知り合うきっかけがないから」、「特に理由はない」など、出会いの場がないことが一つの要因と考えられる。

では、出会いの場、さらに進んで居場所を作ろうと思うとき、どうすればいいのか。筆者は、そろそろ定年が身近になっているが、なかなか居住地での地域デビューといっても機会が見いだせない。定年後も、70歳くらいまでは働く時代となっており、70歳になってからだと、ますます地域で「付き合い」のある生活を獲得するのは難しくなるようのではないか。

こうした「居場所対策」は、各自治体や各社会福祉協議会、民間でも「さわやか福祉財団」などの取り組みが行われているが[14)]、いまだ前述の状況を変えるには至っていない。そこで、個人の自発性に期待するばかりでなく、他の施策との統合などの多様な取り組みが必要と考える。

豊島区は、かつての「高齢者福祉センター（ことぶきの家)」や「児童館」を、年齢層によらない利用形態の「区民ひろば」へと改組し、乳幼児から高齢者が空間を共有する拠点として整備してきた。この「区民ひろば」は、豊島区がWHOの推奨する安全・安心なまちづくりの国際認証制度である「セーフコミュニティ」の認証取得を実現した主な拠点でもある。セーフコミュニティ活動は、「横断的な連携・協働」と「科学的手法の活用」により、生活の安全と健康の質を高めていく継続的な活動である。豊島区では、「高齢者の安全」「児童虐待の防止」「自殺・うつの予防」等の10の重点課題に関する対策委員会を区民が中心となって構成している。

そして、この拠点を活用して豊島区の「地域保健福祉計画」と豊島区民社会福祉協議会の「地域福祉活動計画」との連動により、個別課題の解決と地域組織の開発・活性化というコミュニティソーシャルワークを担うコミュニティソーシャルワーカー(CSW）を区内の８圏域の「区民ひろば」に２名が常駐する体制を講じてきた[15)]。「相談は断らない」を旨とする取り組みは、国の進める「地域共生社会」に向けた取り組みに、豊島区が2009年から10年以上にわたり、いち早く、具体的な体制を構築してきたものといえる。町会や民生委員の気づいた孤立や生活課題を抱えた住民の個別課題解決にむけ、様々な行政や福祉事業者等と連携しながら、当事者に伴走型の「個別相談支援」とともに、区有施設や社会福祉施設はもちろん企業や個人宅を活用したサロン活動など、「地域支援活動」にも取り組んでいる。このCSWの二つの活動は相乗的な関係にあり、居場所を見出せていない要支援者等に地域資源を紹介し、賛同した個人や企業等が居場所を提供するなどの実績もあがっている。豊島区内には、すでに「子ども食堂」などに取り組む寺院もあり、今後、こうした寺院との連携がCSWなどを中心に充実していくことが期待される[16)]。

一方、区民ひろばの利用者の固定化や、関係性の悪い人が利用しているために同じ区民ひろばへ足を運ぶことを苦とするとの声もあり、「区民ひろば」の運営課題の一つとなっている。今後、区内の仏教寺院を拠点にした「居場所」づくりが進められたとしても、居場所とは空間とともに人間関係を形成する場でもあるため、「デビュー」には多大な勇気と決断が必要になる。これを乗り越えるための「仕掛け」づくりが重要になってくる。

このように考えると、居場所対策を「個人責任」とするのではなく、「社会のセーフティネット」として構築するべきなのではないか、これを【課題①】としたい。

（3）死と「信仰」、「終活」

次に、単身者に限定できていないが、現代に生きる我々は「死」とどう向き合うのか、について考えてみたい。

小谷[17] は、「孤独死」に限定した調査ではないが、「死」についての意識を調査している。（図表１）。

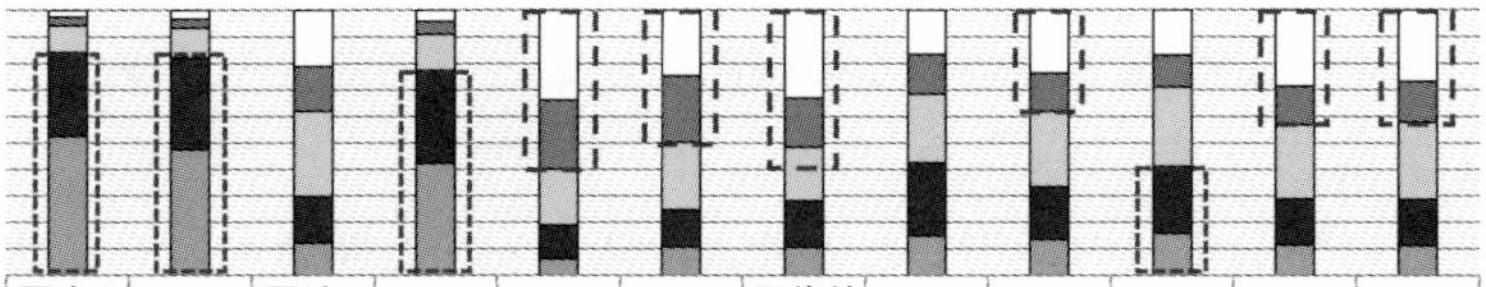

40歳から79歳までの全国の男女792名	死ぬことを心配しても仕方ないと思う	苦しんで死ぬのは怖い	死は、苦しいや痛みからの救済だと思う	人間の生き死には運命だ	生きることにうんざりすることがある	人生は短いと思うと、不安になる	死後どうなるかわかないのは不安だ	死ぬことが怖い	死んだ後も魂は残る	神や仏は存在する	生まれ変わりや輪廻転生はある	死後の世界や極楽、天国はある
□そう思わない	2.5	3.3	20.9	4.2	33.4	24.4	32.6	16.4	23.4	16.7	28.2	26.5
■どちらかといえばそう思わない	3.2	3.3	16.7	4.7	25.8	24.7	18.4	14.8	14.2	11.8	14.4	15.1
□どちらともいえない	9.9	11.1	31.8	13.4	20.9	25.3	20	25.6	28.1	29.6	27.7	28.9
■どちらかといえばそう思う	31.4	34.2	17.4	34.8	12.6	13.8	17.4	27.3	19.7	25	17.2	17.3
■そう思う	51.8	46.9	12	41.7	6.1	10.6	10.4	14.7	13.4	15.6	11.3	11

■そう思う　■どちらかといえばそう思う　□どちらともいえない　■どちらかといえばそう思わない　□そう思わない

（図表１）死に対する意識と死の恐れ

小谷みどり「死に対する意識と死の恐れ『Life Design REPORT 2004. 5』」より作図表化

この中で注意したいのは、「死後どうなるのかわからないのは不安だ」との設問については、「そう思わない」「どちらかと言えばそう思わない」が合計で51.0％であるのに対して、「そう思う」「どちらかといえばそう思う」の合計は27.8％と約半分程度にとどまっていることである。

さらに興味深いのは、「死んだ後も魂は残る」がネガティブな答えが37.6％、「生まれ変わりや輪廻転生はある」のネガティブな答えが42.6％、「死後の世界や極楽、天国はある」のネガティブな答えが、41.6％となっているのに対して、「神や仏は存在する」については、ややポジティブな答えの方が多くて40.6％が「そう思う」「どちらかといえばそう思う」と回答している点である。自分自身の死後の極楽や天国には確証がなくとも、神や仏はあるのではないかと感じていることが想定できる。

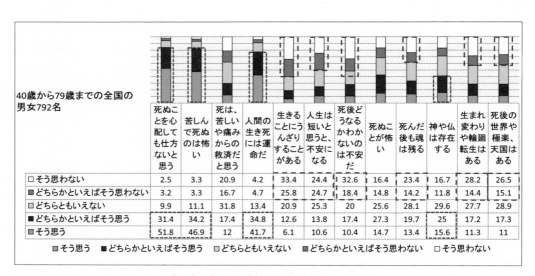

次に、西[18] により、ISSP 国際比較調査（宗教）調査の2008年と1998年結果と比較しながら「死後」についての、日本人の姿勢の変化をみたい。

1998年と2008年で比較した場合、「死後の世界」が「絶対にある」「多分ある」が37.0％から44.6％へと7.6ポイント増えている。また、2008年結果のみの設問となるが、「輪廻転生」や「祖先の霊的な力」を、半分近くの人が信じている。

先述の小谷[19]では、「死後どうなるのかわからないのは不安だ」、「死んだ後も魂は残る」「生まれ変わりや輪廻転生はある」、「死後の世界や極楽、天国はある」との設問についてネガティブな回答が相対的に多いのに対して、「神や仏は存在する」については、ややポジティブな答えの方がいとの調査結果を見たが、西[20]の調査を踏まえると調査項目やテーマによっては、その「揺らぎ」のようなものがある可能性がある。

小谷[21]の調査において、「死ぬことが怖い」と思うかどうかと、「お参りや礼拝」あるいは「信仰していない」との関係は、「(怖いと）思わない」という回答者の信仰姿勢でのクロスチェックした結果を見ると、「信仰し、お参りや礼拝する」が19.7%、「信仰するが、お参りや礼拝はしない」が19.2%なのに対して「信仰していない」では14.9%となっている。５%ほどの差であるが、「信仰していない」人の方が、「怖さを感じなく」なりにくい（怖さを感じやすい)、といえよう。

これらをまとめると、1998年から2008年に「死後の世界」を信じる人が増える傾向が見られ、同じく「輪廻転生」や「祖先の霊的な力」を、半分近くの人が信じていることが示された。そして、信仰姿勢の相関を踏まえての結果に着目すれば、「死を怖いと思うか」に「そう思わない」と答える傾向は、信仰していない人よりも、信仰している人の方が若干多いのである。

そうであるならば、潜在的にある「死後の世界」「祖先の霊的な力」への思いを実感する機会を設けることで、「死を怖い」と思う気持ちを軽減できるのではないだろうか。

これを【課題②】とする。

４．福祉課題としての「死への向かい方」支援

上記３において、二つの課題を想定した。

【課題①】「セーフティネットとして居場所づくりを支援する必要がある」

【課題②】「潜在的にある『死後の世界』『祖先の霊的な力』への思いを実感する機会を設けることで、『死を怖い』と思う気持ちを軽減できる」

そこで、福祉課題として、実践的な側面と、精神的（信仰的）な側面から、今後の方向性を検討してみたい。

単身高齢者が多く、そのなかで「民営借家」に住んでいる人も少なくない豊島区は、現実的な課題に直面している。そして、これは豊島区だけの課題ではない。

【(公財)日本賃貸住宅管理協会による調査】

平成22年11月調査

＜入居者を拒否している賃貸人の割合＞

	オーナーに占める割合
単身の高齢者	8．0%
高齢者のみの世帯	6．8%
障害者のいる世帯	4．0%
小さい子供のいる世帯	1．3%
母子（父子）世帯	1．3%

＜入居に拒否感がある賃貸人の割合＞

	オーナーに占める割合
高齢者世帯	59．2%
障害者のいる世帯	52．9%
小さい子供のいる世帯	19．8%

※管理会社158社から回答
（賃貸人:11万人・総管理戸数:約96万戸）

平成27年12月調査

＜入居者を拒否している賃貸人の割合＞

	オーナーに占める割合
単身の高齢者	8．7%
高齢者のみの世帯	4．7%
障害者のいる世帯	2．8%
小さい子供のいる世帯	5．2%
母子（父子）世帯	4．1%

＜入居に拒否感がある賃貸人の割合＞

	オーナーに占める割合
高齢者世帯	70．2%
障害者のいる世帯	74．2%
小さい子供のいる世帯	16．1%

※管理会社308社から回答
（賃貸人:27万人・総管理戸数:約147万戸）

＜入居者を拒否している理由＞

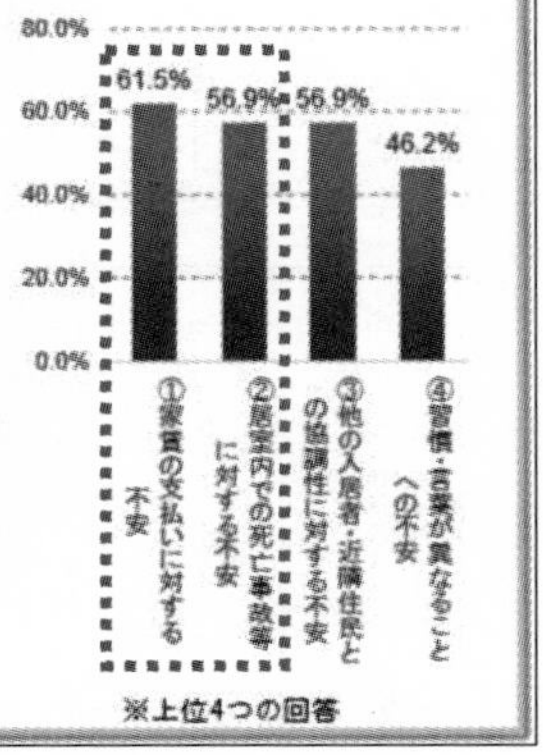

（図表２）民間賃貸住宅における入居選別の実態

公益財団法人日本賃貸住宅管理協会調査結果（国土交通省「多様な世帯が安心して暮らせる住まいの確保に向けた当面の取り組みについて」より）（破線は著者が加筆）

公益社団法人日本賃貸住宅管理協会[22)]の調査結果では、（図表２）のように不動産オーナーの７割程度が、高齢者の「入居に拒否感がある」と回答している。しかも前回（2010年）調査からの５年間でも増加傾向である。そして、その拒否感を持つ理由の多くを占めるのが、「家賃の支払いに対する不安」と並んで「居室内での死亡事故等に対する不安」とされている。

国は「地域包括ケアシステム」を推進し、「住まい」を中心に「医療」「介護」そして「介護予防・生活支援・活動や参加の促進」を結び付けていくこととしている。しかし、その肝心の「住まい」の確保がネックとなりかねない要素があるのが実態である。

こうしたことから、豊島区をはじめ、国や都道府県や市町村等も「居住支援協議会」の設立などに取り組んでいる。また、豊島区では身元保証制度利用助成などを行っている。さらに2019年12月からは、信用保証だけでなく見守りサービスを追加した。加えて、宅建業協会や不動産協会、東京都指定の居住支援法人である株式会社との協定による居住支援サービスの利用を通じて入居促進を実施している。ここで、入居支援をした人たちに向けて、社会参加機会を増やすイベント等の情報を発信し、孤立化防止を図る予定である。その際、健康などのテーマとともに、いわゆる「終活」などへの緩やかなサポートを計画している。もちろん、サービス利用者のみを対象とするのではなく、区民全般の参加を可能とするが、一般的な広報以外に、入居支援を受けている人へのダイレクトメールや見守り活動を通じての個別の働きかけを行う。「終活」には福祉事業者やファイナンシャルプランナーなどのほか、地元寺院の住職

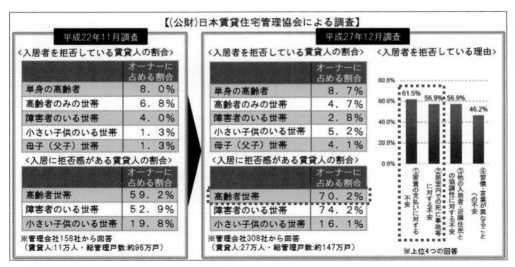

なども魅力的な講師として候補に挙がっている。

これは、入居支援をした人を特別に厚遇することが目的ではない。課題①を設定した際にも述べたが、「居場所対策」は、各自治体や各社会福祉協議会などの取り組みが行われても、いまだ孤立化傾向を持つ独り暮らし高齢者の状況を変えるには至っていないとの認識があるからである。個人の自発性に期待するばかりでなく、例えば、居住支援など他の施策との統合などの、多様な取り組みが必要と考えたのである。先に見たように、民営借家に住んでいる人のご近所との日常の付き合い程度で特に希薄な傾向がある。そこで、転居という生活環境の大きな変化をサポートする意味でも、居住支援と「居場所」支援をセットで行うことに意義があると考えたところである。

次の段階として検討しているのが、「居住支援に必要なサービス」を、「入居前」「入居中」と並んで「退去時」に特に「孤独死に対する不安」について、各段階に応じて整理するようになってきた。「住まいの安心サポート」という取り組みである。

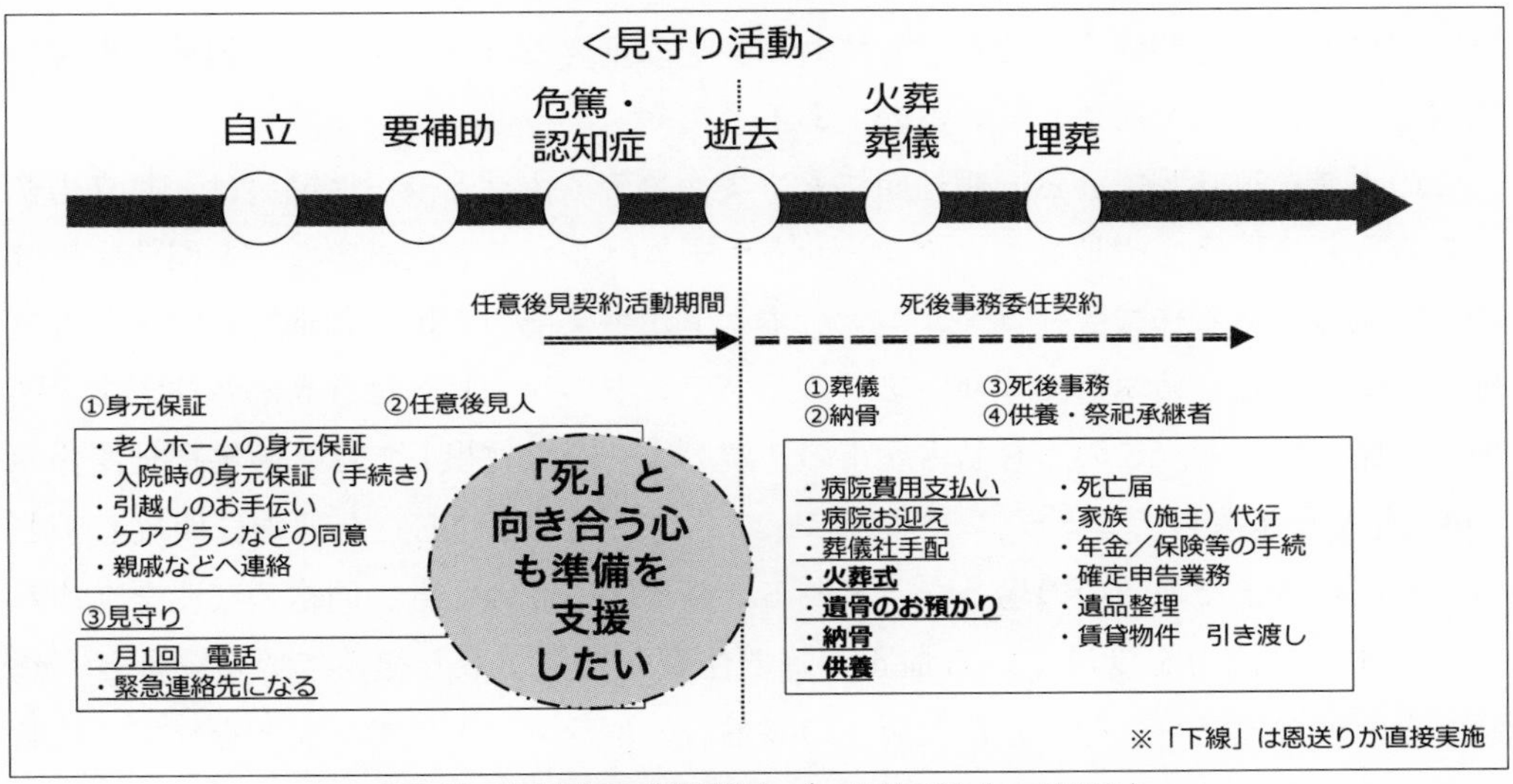

（図４）検討中の取り組み（一般社団法人　恩送り）

「住まいの安心サポート」による「身元保証」や「任意後見」あるいはサービスとしての「見守り」といった、生存中の支援に加えて、「死後事務」の委任契約を生前に結ぶことで、不動産オーナーの不安を軽減するとともに、入居者本人にも安心感を提供できるパッケージができないだろうか、と考えている。

そこで、宗教関係者や葬儀事業者、司法書士などの専門家による一般社団法人「恩送り」と勉強会を開催してきた。その検討内容を筆者がまとめて提示したものが図４である。自立生活から、なんらかの補助を要する時期を迎え、介護施設などの入所には、身元保証や具体的な引っ越しや家財処分など、さまざまな支援が必要となる。また、逝去後にも埋葬はもちろん、遺品の整理や賃貸住宅の引き渡しなどは、遺族がいたとしても容易ではない。こうした支援を、社会福祉士や税理士、行政書士、そして仏教宗派を超えた寺院や僧侶、神社などの宗教者、さらには葬祭事業者などにより設立された一般社団法人「恩送り」とともに、単身高齢者の社会的孤立への支援の可能性を模索しているところである。

また、国土交通省の「住まい環境整備モデル事業」を活用した一般社団法人コミュニティネットワーク協会による『としま・まちごと福祉支援プロジェクト』でも、地元寺院の住職の協力を得て「住職による法話『苦しいときの心の持ち方について』のオンライン配信などの取り組みを行うこととしている。この「としま・まちごと福祉支援プロジェクト」は、空き家物件を、高齢者・障害者・生活困窮子育て世帯などの入居を拒まない「セーフティネット住宅」として活用する取り組みである。就労支援関係事業所、通所介護事業所とともに趣味やアートなど多分野にわたるワークショップやプログラムを開催することとしており、その重要なコンテンツに、地域の寺院の協力を得ての法話を開始しているのである。

この事業を運営している一般社団法人コミュニティネットワーク協会は、設立当初から看取り専門講座や地域プロデューサーホームヘルパー養成講座などを開催するほか、別組織である株式会社コミュニティネットが事業部門を担いと地方自治体とも連携しながら協定を結ぶ形で「ゆいまーる」ブランドのサービス付き高齢者住宅を全国的に展開している。このうち名古屋市の「ゆいまーる大曾根」では、障害福祉関係のNPO法人と連携し、コミュニティスペース「ソーネOZONE」を地域に開放し子どもから高齢者までの憩いの場となっている。豊島区においても、同様の交流を進める中で、すでに協力を受けている地元寺院の住職が自坊で取り組んでいる「子ども食堂」などとの連携や、そうした機会への高齢者のボランティア参加などを経て、法話の機会などが持てることが期待される。

同法人の事業部門を担ってきた株式会社コミュニティネットは、豊島区と姉妹都市である秩父市とが２地域居住を進める「生涯活躍のまちづくり」にいわゆるCCRC（継続的ケア付き高齢者向けコミュニティ）のサービス付き高齢者住宅「ゆいまーる花の木」を運営している。その隣接地に、「花の木交流センター」を秩父市が開設し、移住者を呼び込むだけでなく、もともとその地域に住んでいる人たちにもメリットが感じられる移住・交流促進事業として行っているものである。秩父市には、三十四観音をめぐる「秩父札所巡り」がある。生涯活躍のまちづくりを秩父市と共に豊島区が進める中では、こうした資源の活用も期待されるまた、秩父市とは、かつて昭和50年代後半に、秩父市営の「秩父聖地霊園」の一部に豊島区民専用霊園をあっせんしていた実績がある。生涯活躍のまちが軌道に乗った将来には、こうした取り組みも検討の余地があろう。

これまで、豊島区民社会福祉協議会のコミュニティソーシャルワーカー（CSW）、居住支援法人である株式会社、「住まい環境整備モデル事業」を活用した一般社団法人コミュニティネットなどを例に、二つの課題のうちの①「セーフティネットとして居場所づくりを支援する必要がある」についての豊島区としての取り組み状況の一端を報告してきた。特に、入居支援を行った人をはじめとするセミナーの際に、終活の内容も含めたいと先述した。

また、豊島区がすすめる「総合高齢社会対策」の課題である「社会的孤立の防止」は、入居支援を必要とする人以外にも「社会的孤立」のリスクが少なくないとの問題意識がある。すでに、地域のコミュニティに参加している人であっても、親しい知人が先立つなどの事情によっては、孤独感を強めることは考えうる。そうした地域コミュニティに参加している人にも、つまり「高齢者クラブやシルバー人材センター」の「会員向けのセミナー」にファイナンシャルプランナー等の各分野の専門家の方々と共に、宗教者のご協力をいただき、「死への備え」について考える機会を提供できないだろうかと模索しているところである。

さらには、退職を控えた50歳代、あるいは定年後も就労を継続している60歳代に向けて、地域での居場所づくりに向けた準備を促す情報提供を強化しいていく。こうした中に、多様なインタビューや寄稿などを掲載し、その際、課題②に向けても、葬儀や相続、財産処分などの情報と共に、「死」について考える機会を提供したいと検討している。

実際には、区の広報などに、ダイレクトな表現は難しい面もあるが、高齢者クラブなどの事業とすることで、区広報等への掲載を可能とする方法もある。行政としても、「死」から目を背けるのではなく、「死と向かい合う心の準備」を、地域に知り合いを増やしながら積み重ねていく支援をできないものだろうか。

5．おわりに

以上、「単身高齢者の多い豊島区」「単身者の特に男性はコミュニケーション機会もほとんどなく、困ったときに助けを求める人も思いつかない」「特に民間借家に住む人は近隣との関係性が少ない傾向がある」「豊島区の単身高齢者は他区と比較しても民間借家の居住が多い」との課題意識を発端として福祉課題を考察してきた。

また、全国的な調査結果から、近所づきあいしないのは「特に理由がなく」「出会いの機会がない」といった傾向が強く、一方で「近所づきあいが多い」方が「孤独死の不安」が少ないと感じていることを推測することができた。そうであれば、「近所づきあいのないことを自己責任と位置付けるのではなく、「セーフティネットとして、居場所づくりを支援する必要がある」と考えたのが【課題①】である。

そこで、セーフティネットの重要な要素である住宅困窮への支援を、逆に機会と捉え、居場所づくりに主体的に行動してこなかった単身高齢者に、居場所の獲得とともにコミュニティへの参加に向けて強く働きかけていく仕組みづくりを考えているのである。

その際、運動や文化などの活動に加え、孤独死への不安を含む「死後」への向かい方、「終活」への支援も、コンテンツとしてあり得るのではないか、との検討を模索している。課題①への支援メニューを通じて、様々な機会や媒体を通じて【課題②】「潜在的にある『死後の世界』『祖先の霊的な力』への思いを実感する機会を設けることで、『死を怖い』と思う気持ちを軽減できる」ために寄与するというアプローチである。

現代社会においても、日本人は相当程度の割合で、「死後の世界」「ご先祖の霊的な力」を信じており、信仰があるほうが「死を怖い」と思わない傾向が、若干であっても認められる。それならば、住宅確保という機会に、「死」から目を背けるのではなく、「死」と向かい合う準備の支援が求められているのではないだろうか。そして、そのためには、宗教者に支援を期待できる面も少なくないのではないか。

筆者は、浅学ながら真言密教を学ぶ機会を得たので、例えば、十三仏信仰の原点に立ち返って預修（＝逆修）の御縁を単身高齢者同士が共有することで、仮に親類と疎遠なため追善供養の期待を持てなくても、生前に預修コミュニティに参画し、メンバーとも語り合い、共に曼陀羅の一員になるイメージを持てるようになることで、単身高齢者の心が救われるのではないかと考えている。もちろん、対象となる高齢者は、それぞれの仏縁により、浄土や法華経、禅などの教えを求めるものと思われるので、八万四千の法門があろう。

いわゆる「直葬」などの問題については、本稿では扱わないが、秋田市では「合葬墓」を造成したところ、当初は即日締め切りになるほどの応募があったため増設したところ予想外に申し込みが少なかったとの報道がなされている[23)]。家族や個人の在り方に応じて、葬儀や埋葬の在り方も変化していく中で、仏教がいかに対応し、公費を投入する行政はいかなる取り組みをしていくべきか、今後の課題としたい。

また、一層深刻かつ対応困難な「中高年のひきこもり」対策に向けても、豊島区でも実態把握への一歩を踏み出し、「ひきこもり支援協議会」の設置に向けた取り組みを始めており、そうした面での先述の一般社団法人「恩送り」が進めているひきこもり支援などとの連携の可能性についても、研究課題としていきたい。

本論は、基礎的自治体における地域課題への実践に向けた研究であるが、まだ端緒にすぎず、今後も試行錯誤が繰り返されるところである。本稿に取り組みながら実感したのは、「心」に近い取り組みには、外形的な制度以上に丁寧なプロセスが不可欠ということである。「死」や「孤独」という根源的な不安に小さな灯を見出す契機を用意する仕組みが必要とは感じながらも、「心」という最も奥深い部分に行政が立ち入ることはできない。それでも、ふと気づくと「周囲とのつきあいがほとんどない」状況にある人が、遠くない時期に自らに訪れる「死」への不安を少しでも解消できるように行政が受け皿を整えていくためには、丁寧に、様々な調整や合意を得ていく必要がある。ぜひ、単身高齢者への福祉課題解決の方法をアドバイスいただくよう願う次第である。

注

１）斉藤雅茂「高齢者の社会的孤立に関する主要な知見と今後の課題」『季刊家計経済研究』SPRING No.94、公益財団法人　家計経済研究所、2012年、55－61頁。

２）斉藤雅茂『高齢者の社会的孤立と地域福祉―計量的アプローチによる測定・評価・予防策』明石書房、2018年。

３）河合克義『大都市のひとり暮らし高齢者と社会的孤立』法律文化社、2009年。

４）『豊島区地域保健福祉計画改定のための区民意識・意向調査報告書』2017年３月、36頁。
https://www.city.toshima.lg.jp/158/kuse/shisaku/shisaku/kekaku/001365/033036/documents/h29hukusi_ikou_honpen.pdf

５）『豊島区住宅マスタープラン』2019年３月、16－17頁。
http://www.city.toshima.lg.jp/310/kuse/shisaku/shisaku/kekaku/008446/documents/03jyuumasu.pdf

６）『豊島区区民健康意識調査』2017年３月、111頁。

７）厚生労働省「人生の最終段階における医療に関する意識調査：調査の結果」2018年３月、73頁。https://www.mhlw.go.jp/toukei/list/dl/saisyuiryo_a_h29.pdf

８）内閣府「高齢者の住宅と生活環境に関する意識調査」平成30年度調査結果、2018年、30頁。https://www8.cao.go.jp/kourei/ishiki/h30/zentai/index.html

９）国立社会保障・人口問題研究所「生活と支え合いに関する調査」2018年、29頁。
http://www.ipss.go.jp/ss-seikatsu/j/2017/seikatsu2017_kekka.pdf

10）内閣府「高齢者の地域におけるライフスタイルに関する調査」2009年、23頁。

https://www8.cao.go.jp/kourei/ishiki/h21/kenkyu/gaiyo/pdf/kekka1-2.pdf

11）内閣府「高齢者の住宅と生活環境に関する意識調査」平成30年度調査結果、2009年、177頁。https://www8.cao.go.jp/kourei/ishiki/h30/zentai/index.html

12）前掲10）、29頁。

13）小谷みどり「自殺と孤独死に対する意識　～地域コミュニティ再構築の可能性～」『Life Design REPORT 2008』第一生命経済研究所ライフデザイン研究本部、2008年、12頁。

14）一般財団法人地方自治研究機構「高齢者が活躍できる場を拡大するための自治体支援策に関する調査研究」（2014年３月）

15）常松洋介「CSWを自治体が専任配置で施策化する戦略と技法」『社協・行政協働型コミュニティソーシャルワーク―個別支援を通じた住民主体の地域づくり―』中央法規出版、2019年、73－108頁。

16）同上、寺院・僧侶との地域活動事例を紹介している。

17）小谷みどり「死に対する意識と死の恐れ」『Life Design REPORT 2004. 5』第一生命経済研究所、2004年、10頁。第一生命経済研究所研究開発室の小谷みどり主任研究員はほかにも興味深い調査を行っている。

18）西　久美子「“宗教的なもの”にひかれる日本人～ISSP国際比較調査（宗教）から～」『放送研究と調査　2009 MAY』2009年、76－77頁。

19）前掲17）、13頁。

20）前掲書18）。

21）前掲書17）、10頁。

22）公益財団法人日本賃貸住宅管理協会調査結果（安心居住政策研究会〈座長　中川雅之　日本大学経済学部教授／事務局　国土交通省住宅局安心居住推進課〉「多様な世帯が安心して暮らせる住まいの確保に向けた当面の取組みについて」2016年４月、19頁）。
https://www.mlit.go.jp/common/001126536.pdf

23）産経新聞、2019年11月18日。
https://www.sankei.com/region/news/191118/rgn1911180009-n1.html

（2020年１月22日　受理）

Support Problems on the Social isolation of the elderly living by oneself in a large City-Local Authority Services Problems in Collaboration with Buddhism Approach

TSUNEMATSU Yousuke (Toshima City Office)

Abstract

Toshima city has the highest ratio of the population of senior citizens living alone in all countries in Japan. Furthermore, a high percentage of them rent none public apartments.

According to the Toshima city's survey, I found that there are some issues that most of them have rare opportunities to communicate with their neighbors.

In this article, I wrote about the situation of senior people's isolation and relationships and the change of the consciousness of Japanese people. It is necessary to take several actions to remove senior people's anxieties in social life. And it should be taken not only in Toshima city but also in all countries in Japan. According to some researches, I found that there are expectations that people would be healed with religious faiths. In order to solve this issue, it is important to create people friendly communities for all seniors.

Toshima city promotes new service to support seniors for contracting rental apartments. In addition, we are considering how to provide them the information of seminars including the assistance system of making lease agreements.

I would like to include Buddhism thought when carrying out seminars.

I am going to write about those issues and my opinions.

Key word :

Senior citizens living alone, Isolation, Healing people with religious faiths,
Supporting seniors to contract rental apartments

〔図書紹介〕

大菅俊幸 編著
島薗進、川又俊則、前田伸子 著
『仏教の底力――現代に求められる社会的役割』

（明石書店．2020年）

龍谷大学社会学部教授　清水　隆則

本書は、「過疎化、寺離れ、後継者の不在など、危機に直面する日本仏教。物質的豊かさなどを実現したはずなのに幸福を実感できない現実の中で、今こそ、仏教が蓄積してきた精神文化の知恵が求められている。」（帯書き）という趣旨の下に書かれた対談形式の書である。

具体的には、2018年から2019年にかけて、月刊誌『曹洞宗報』に掲載された「仏教の社会的役割を捉え直す」の記事を大幅に加筆編集したものである。従って、論文形式の理論書というよりは、対談形式の問題提起の書として多彩な示唆に富むものである。それは、対談者のメンバーを見てもわかる。まず島薗氏は著名な宗教学者であり、他の川又氏は社会学者、前田氏は歯学の専門家であるため、特定の宗派の立場にとらわれずに、広い視野からの仏教の役割が語られているのである。

まず、第１章は、『今、仏教に期待されているもの』として、もともと日本仏教が、歴史的に見て社会問題へのかかわりが強いことが指摘される。僧侶や寺院が、社会問題に取り組み社会を変えてきたとともに、社会によって僧侶や寺院も変わらざるを得ないし、また変わるべきことが、東日本大震災を契機とした僧侶や寺院の従来とは異なる対応の実態から語られている。

第２章では、『「人生100年時代」と仏教』では、少子高齢社会の仏教宗派への影響が、社会学の実態調査から具体的に語られている。少子化による寺院離れとその維持の問題であり、寺院側にその危機感があってもその対策が遅いのではないかと指摘されている。また「人生100年時代」の老いと宗教の問題に関して、仏教の役割は大きく高齢者への新しい生き方の提案が期待される。僧侶や寺院とのかかわり方の調査から、葬式や法事の機会に限られがちであり、特に若い人を中心にかかわりの機会を増やす試みや工夫が期待される。

第３章『僧侶ー死と生に寄り添う存在』では、葬儀や法事のような制度化、儀式化された従来の仏教のあり方から、東日本大震災に代表される生身の人間の生と死の問題がクローズアップされ、そこから仏教のみならずキリスト教も歩調を合わせる『臨床宗教師』という新しい宗教者のあり方が語られる。

第４章『時代に呼応する仏教者』では、『臨床宗教師』のような時代の要請に応えられる僧侶を生み出すためには、それ相応の育成システムが必要だと語られる。それの具体的な教育方法が示されている。さらに、檀家、信者の後継者の育成を含めた一緒に学び合う『次世代教化システム』のことも紹介されている。

第５章『「共生社会」と寺院の可能性」では、これから必要とされる寺院のあり方は、「地域社会」が一つの鍵となり、教化するよりも人々の苦悩やニーズにどう対応するのかを考える取り組みが、總持寺や鶴見大学の実践を紹介しながら語られる。

第６章『社会の苦悩に向き合う』では、仏教をベースにした社会参加、支援活動の意義とのその具体的な実践例が紹介されている。これは、個人の生死の問題にだけでなく、紛争、貧困、差別といった社会の苦悩や問題に仏教がどのようにかかわっていくべきかが世界の実例を元に語られている。

仏教に限らず宗教とは、自己の生死の問題と社会の問題への実存的なかかわりが出発点であったはずである。が、時代と共に実存的なものから社会において制度化、儀式化へ固定化される傾向がある。個人と社会のあり方が、根底から疑問に付されている現在、宗教各派においても、どのように個人や社会に関わっていくかが、根源的に問われているといえよう。

特に仏教のように人間と社会の不条理をありのままに見つめ、その『苦』からの解放を求める宗教においては、今日、衰退するどころかますますその始原に立ち戻り、改めてその底力を発揮するべき時期に来ているのはないかと思われる。その際、本書は大きな示唆を与えてくれるものと考えられる。今後のさらなる理論的体系化と実践の展開が期待される。

『日本仏教社会福祉学会年報』既刊号総目次

〔第50号〕令和３年刊行

〔53回大会　公開シンポジウム〕

「超高齢社会の今からを考える」　シンポジウム趣旨説明　池上　要靖

シンポジスト　小谷みどり

近山　恵子

井上ウィマラ

司会・進行　楢木　博之

〔平成30年度　日本仏教社会福祉学会　大会概要〕

〔事務局報告〕〔日本仏教社会福祉学会役員名簿〕〔編集後記〕

〔会則・理事会規程〕〔編集規程・投稿要領〕〔『日本仏教社会福祉学会年報』既刊号総目次〕

〔図書紹介〕

大谷栄一編『ともに生きる仏教―お寺の社会活動最前線』　鷲見　宗信

宮城洋一郎著『日本古代仏教の福祉思想と実践』　長崎　陽子

〔研究ノート〕

学生の子育て支援活動から考察する「行学二道」の現代的意義　伊東　久実

〔第49号〕平成31年刊行

〔52回大会〕

記念講演　「宗教と福祉」　村主　康瑞

基調講演　「仏教社会福祉」の実践を求めて

～社会福祉法人制度改革がもたらすもの～　辻村　泰範

〔52会大会　大会シンポジウム〕

「社会福祉法以後の課題と仏教社会福祉」　シンポジスト　明石　隆行

村井　龍治

菅　智潤

コメンテーター　長上　深雪

司会・進行　佐伯　俊源

〔平成29年度　日本仏教社会福祉学会　大会概要〕

〔事務局報告〕〔日本仏教社会福祉学会役員名簿〕〔編集後記〕〔会則・理事会規程〕

〔編集規程・投稿要領〕〔『日本仏教社会福祉学会年報』既刊号総目次・投稿規程〕

〔実践報告〕

仏教系大学における地域福祉活動の意義～ 認知症カフェを立ち上げて ～　楢木　博之

特別養護老人ホームでの看取りケアに関する考察　佐伯　典彦

〔第48号〕平成30年刊行

〔日本仏教社会福祉学会　50周年慶讃音楽法要〕

「代表理事挨拶」「祝辞」

〔50周年記念大会　基調講演〕

「学会五十年の学びと今後の課題

―キリスト教社会福祉の歴史的展開にも学びながら―」　長谷川匡俊

〔50周年記念大会　大会シンポジウム〕

「仏教社会福祉の展望と課題」　シンポジスト　長崎　陽子

宮城洋一郎

石川　到覚

コーディネーター　池上　要靖

特別コメンテーター　中垣　昌美

〔平成28年度　日本仏教社会福祉学会　大会概要〕

〔事務局報告〕〔日本仏教社会福祉学会役員名簿〕〔編集後記〕〔会則・理事会規程〕

〔『日本仏教社会福祉学会年報』既刊号総目次・投稿規程〕

〔図書紹介〕

坂井祐円著『仏教からケアを考える』　目黒　達哉

〔研究ノート〕

仏教系幼児施設における生命尊重の心を育む動物介在活動

―移動動物園の活動事例を中心に―　百瀬ユカリ

〔研究論文〕

高齢者施設における宗教的な関わりの評価及び普及の可能性

―仏教関係の介護老人福祉施設での調査を通して―　河村　諒

〔第47号〕平成29年刊行

〔第50回大会　公開記念講演〕

基調講演　「アジアのソーシャルワークにおける仏教の役割

―共通基盤の構築に向けて―」　石川　到覚

〔国際学術フォーラム報告〕

「仏教ソーシャルワークと西洋専門職ソーシャルワーク―次の第一歩―」　郷堀ヨゼフ

〔日本仏教社会福祉学会第50回大会記録・

淑徳大学創立50周年記念国際学術フォーラム大会記録〕

〔事務局報告〕〔編集後記〕〔会則・理事会規程〕

〔『日本仏教社会福祉学会年報』既刊号総目次・投稿規程〕

〔図書紹介〕

頼尊恒信著『真宗学と障害学

―障害と自立をとらえる新たな視座の構築のために―』　吉村　彰史

木越康著『ボランティアは親鸞の教えに反するのか—他力理解の相克—』　佐賀枝夏文

〔第46号〕平成27年刊行

〔第49回大会　公開記念講演〕

基調講演「建学の理念と災害支援—同朋大学におけるその関係性—」　沼波　政保

〔第49回大会　公開シンポジウム〕

「仏教社会福祉と災害支援—将来の災害支援に向けて—」　パネリスト　大河内真慈

竜沢　　悟

木越　　康

コーディネーター　田代　俊孝

〔研究ノート〕

相談援助におけるクライエントの「受容」と援助者の「自己覚知」をめぐって

—法然の凡夫観をてがかりに—　郡嶋　昭示

中原実道氏のカウンセリング理論について　曽根　宣雄

〔日本仏教社会福祉学会第49回大会記録〕

〔事務局報告〕〔編集後記〕〔会則・理事会規程〕

〔『日本仏教社会福祉学会年報』既刊号総目次・投稿規程〕

〔書籍紹介〕

藤森雄介著『仏教福祉実践の轍《わだち》　近・現代、そして未来への諸相』　大久保秀子

浄土宗総合研究所仏教福祉研究会編『浄土宗の教えと福祉実践』　長崎　陽子

〔実践報告〕

「自宅・地域は終の住処となりえるのか」についての一考察　佐伯　典彦

〔研究論文〕

ソーシャルワークにおける仏教の役割に関する日本・ベトナム比較研究

—仏教保育研究における両国の現状に関する研究—　佐藤　成道

〔第44・45合併号〕平成26年刊行

〔第46回大会東日本大震災対応プロジェクト特別報告会〕

支援活動を通じて見えてきたネットワークの必要性　パネリスト　加藤　正淳

いのちの声に耳を澄ますボランティア

曹洞宗青年会による東日本大震災での災害復興支援活動　久間　泰弘

東日本大震災における全日本仏教会の取り組みについて　東田　樹治

コーディネーター　藤森　雄介

〔第47回大会公開講演〕

記念講演「東アジアの高齢者自殺と仏教」　朴　　光駿

基調講演「災害支援と仏教社会福祉—東日本大震災の経験を通して—」　大村　英昭

〔第47回大会公開シンポジウム〕

東日本大震災における日本仏教界の動向について　パネリスト　藤森　雄介

災害支援と日常活動における仏教の役割　栗田　修司

「心の相談室」の活動と「臨床宗教師」の提唱　谷山　洋三

コメンテーター　大村　英昭

朴　光駿

コーディネーター　清水　海隆

〔第48回大会公開講演〕

「災害支援と仏教社会福祉の課題」　多田　孝文

〔第48回大会公開シンポジウム〕

東日本大震災被災地支援へ向けた本会の取り組みと経過　パネリスト　奈良　慈徹

寺院に特化した、本当に役立つ災害への備えを一冊のガイドブックに

「寺院備災ガイドブック」の完成と今後の取り組み　自覚　大道

東日本大震災における日本仏教界の動向について

（アンケート調査結果報告第二報）　藤森　雄介

コーディネーター　清水　海隆

〔日本仏教社会福祉学会第47回大会記録〕

〔日本仏教社会福祉学会第48回大会記録〕

〔事務局報告〕〔編集後記〕〔会則・理事会規程〕〔既刊号総目次・投稿規程〕

〔実践報告〕

いただいたいのちを生き切るケアプランとは—仏教と居宅介護支援—　佐伯　典彦

高齢者を中心とした「交流の場」づくりの実践報告　大塚　明子・金田　寿世

—映画上映を素材として—　渡邊　智明・井手　友子

矢吹　和子・五十嵐信泰

壬生　真康・石川　到覚

〔研究ノート〕

隠岐共生学園の社会事業—戦後の女学校・保育事業を中心に—　田中美喜子

〔第43号〕平成24年刊

〔第46回大会特別企画〕

子ども家庭福祉の動向と仏教社会福祉の可能性　柏女　霊峰

〔第46回大会誌上シンポジウム〕

『仏教』が果たす役割とは—児童養護施設の現場から考える—　徳岡　博巳

地域に保育所が存在する意味　蒲池　房子

—お寺の保育園から発信するいのちの教育—

第46回大会公開シンポジウムについて　コーディネーター　清水　教惠

特別企画について　編集委員会

〔研究論文〕

〔第41号〕平成22年刊

〔第44回大会公開講演〕

学問としての仏教社会福祉に、いま、問われているもの　中垣　昌美

〔第44回大会公開シンポジウム〕

前近代における仏教福祉の思想・実践の系譜について　シンポジスト　宮城洋一郎
—現代社会福祉へ問いかけるもの—

死ぬ苦しみからの解放　シンポジスト　田久保園子

現代社会福祉における仏教社会福祉の存在理由　シンポジスト　長上　深雪
—現状を踏まえた将来展望—　コメンテーター　足立　叡
武田　道生
コーディネーター　石川　到覚

〔日本仏教社会福祉学会第44回大会記録〕

〔事務局報告〕〔役員名簿〕〔編集後記〕〔会則・理事会規程〕〔編集規程・投稿規程〕

〔論文〕

バイステックの７原則と仏教思想—仏教理論の補完的導入—　池上　要靖

〔研究ノート〕

カンボジアの“開発僧”の社会活動について　作田　光照

ビハーラ病棟での実践からみえてくる仏教者の役割　森田　敬史

〔投稿論文〕

真宗障害者社会福祉に関する理論的研究　頼尊　恒信
—「われら」の地平をベースとして—

〔実践報告〕

生活困窮者のための葬送支援—平生から臨終の精神的苦痛を考える—　吉水　岳彦

正信偈に学ぶ仏教介護的視点について　佐伯　典彦

〔調査報告〕

日蓮宗における社会福祉事業・活動の現状と課題（２）　藤森　雄介
—アンケート調査結果からの考察—　渡邊　義昭

〔第40号〕平成21年刊

〔第43回大会公開講演〕

北海道開教と「大谷」　太田　清史

北海道における仏教と司法福祉の歴史—大谷派の場合—　福島　栄寿

〔第43回大会公開シンポジウム〕

北海道における仏教と司法福祉—その歴史と課題—　シンポジスト　寺永　哲
小熊　雄顕
コーディネーター　佐賀枝夏文

〔日本仏教社会福祉学会第43回大会記録〕

〔事務局報告〕〔役員名簿〕〔編集後記〕〔会則・理事会規程〕〔編集規程・投稿規程〕

〔調査報告〕

浄土宗寺院・住職の社会福祉実践と意識　石川　基樹

日蓮宗における社会福祉事業・活動の現状と課題（１）　藤森　雄介
―アンケート調査結果からの考察―　渡邊　義昭

〔研究論文〕

高齢者の安楽死における仏教的理念　齋藤　尚子
山口　幸照

浄土真宗本願寺派のビハーラ活動とその現代的意義　奈倉　道隆

北海道における開教と開拓に見る仏教社会福祉の原点　中垣　昌美
名和月之介

〔第39号〕平成20年刊

〔第42回大会公開講演〕

現代の課題―非合理なるがゆえにわれ信ず―　池田　勇諦

〔第42回大会公開シンポジウム〕

仏教の社会的実践・その現代的課題　シンポジスト　水谷たかし
―仏教・医療・福祉の接点―　田畑　正久
奈倉　道隆
コーディネーター　田代　俊孝

〔研究論文〕

セツルメント光徳寺善隣館の再評価―佐伯祐正の人間関係を中心として―　小笠原慶彰

〔海外情報〕

慈済会について　川村　伸寛

〔日本仏教社会福祉学会第42回大会記録〕

〔事務局報告〕〔役員名簿〕〔編集後記〕〔会則・理事会規程〕〔既刊号総目次・投稿規程〕

〔実践報告〕

老人デイサービス利用者への仏教介護的な相談・助言に関する試論　佐伯　典彦

終末介護期における認知症高齢者へのケアの在り方　伊東眞理子

〔研究ノート〕

社会参加する仏教―原始仏教経典をケーススタディとして―　池上　要靖

〔研究論文〕

“ブッダ最後の旅”に見る仏教的ケアの在り方　玉井　威

赤ん坊の研究―乳児福祉の根本問題―　金子　保

〔第38号〕平成19年刊

〔第41回大会公開講演〕

出世間道と菩薩道―仏教から見る人間と社会―　小山　一行

〔第41回大会公開シンポジウム〕

人権・社会問題と仏教社会福祉　シンポジスト　金刺　潤平

寺本　是精

近藤　祐昭

コーディネーター　菊池　正治

〔日本仏教社会福祉学会第41回大会記録〕

〔事務局報告〕〔役員名簿〕〔編集後記〕〔会則・理事会規程〕〔既刊号総目次・投稿規程〕

〔調査報告〕

浄土宗寺院と住職の社会福祉に関する活動と意識についての一考察　鷲見　宗信

〔研究論文〕

心の象徴と心の哲学的均衡点―福祉実践の哲学的方法論―　藤田　和正

聞名に開かれる共同体―真宗における健常者と障害者との共生の視座―　頼尊　恒信

〔第37号〕平成18年刊

〔第40回大会公開講演〕

私の中のキリスト教　西村　惠信

〔第40回大会公開シンポジウム〕

仏教とキリスト教の邂逅―その福祉実践と課題―　シンポジスト　阿部　志郎

秋山　智久

中垣　昌美

田代　俊孝

コーディネーター　長谷川匡俊

〔日本仏教社会福祉学会第40回大会記録〕

〔事務局報告〕〔役員名簿〕〔編集後記〕〔会則・理事会規程〕〔既刊号総目次・投稿規程〕

〔特別寄稿〕

『仏教社会福祉辞典』編纂と今後の課題　中垣　昌美

〔調査報告〕

仏教福祉実践報告―訪問調査を通して―　徳田　恵

石川　到覚

長谷川匡俊

「浄土宗社会福祉事業・活動に関するアンケート調査」に関する一考察　関　徳子

〔研究ノート〕

仏教と心学の邂逅―遠江育児院をめぐる人びと―　三浦　辰哉

僧侶がコーディネートする在宅福祉サービスについての考察　佐伯　典彦

〔研究論文〕

感化事業、社会福祉、海外支援活動　ランジャナ・ムコパディヤーヤ
—仏教感化救済会系教団にみられる近代仏教福祉の発展過程—

知的障害児はなぜ美の世界を創り出すのか　金子　保
—戸川行男の『特異児童』の研究を中心に—

〔第36号〕平成17年刊

〔第39回大会公開講演〕

アジア諸国における社会福祉の動向と課題—社会開発アプローチの模索—　萩原　康生

〔第39回大会公開シンポジウム〕

アジア諸国における仏教社会福祉—仏教は福祉従事者の養成にどう応えるか？—
シンポジスト　釋　恵敏
金　漢益
ウディタ　ガルシンハ
ギャナ　ラタナ
コーディネーター　石川　到覚

〔日本仏教社会福祉学会第39回大会記録〕

〔事務局報告〕〔役員名簿〕〔編集後記〕〔会則・理事会規程〕〔既刊号総目次・投稿規程〕

〔特別報告〕

アジアの仏教徒と協同して始まった社会事業　小野　正遠

国を超えたいチャレンジワーク—アジア諸国に絵本を届けよう—　井手　友子
吉川　眞浩
金田　寿世
渡邊　智明
矢吹　和子
瀬川　惠子
石川　到覚

仏教的スピリチュアルケアの動向—タイと日本を事例にして—　浦崎　雅代

〔海外情報〕

スリランカの難民子弟救援の仏教寺院　小野　文珖

〔研究論文〕

仏教者の福祉活動再考—初期経典に見るサンガの活動—　池上　要靖

仏教とハンセン病—『妙法蓮華経』における「癩」字をめぐる一考察—　奥田　正叡

〔第35号〕平成16年刊

〔第38回大会公開講演〕

地域福祉における仏教者の役割を考える　志田　利

仏教系社会福祉施設運営・経営とリスクマネージメントの登場について　安部　行照
—運営から経営へ変革迫られる社会福祉施設の課題—

〔研究論文〕

感化救済事業奨励下の仏教慈善病院　中西　直樹

仏教ソーシャルワーカーの可能性を考える上で　熊澤　利和

仏教ソーシャルワーカーの可能性を考える上で　藤腹　明子
—スピリチュアルケアという側面に焦点をあてて—

仏教ソーシャルワーカーの可能性を考える上で—期待と危惧—　田宮　仁

〔第37回大会公開シンポジウム〕

「仏教ソーシャルワーカー」の可能性—仏教社会福祉専門職養成にむけて—

シンポジスト　石井　勲
森田　俊朗
落合　崇志
コメンテーター　村井　龍治
コーディネーター　小笠原慶彰

〔第33号〕平成14年刊

〔第36回大会公開講演〕

仏教・いのち・福祉　小川　一乗

〔日本仏教社会福祉学会第36回大会記録〕

〔事務局報告〕〔役員名簿〕〔編集後記〕〔会則・理事会規程〕〔既刊号総目次・投稿規程〕

〔資料紹介〕

完成初期の「成田山五事業」の概要及び成田感化院事業の特異性に関する一考察
藤森　雄介

〔実践報告〕

仏教福祉学のキーワードを探る　その1・福田—ビハーラ病棟での実践を通して—
谷山　洋三

〔研究論文〕

仏教慈善病院「救世病院」と小林参三郎　中西　直樹

〔第36回大会公開シンポジウム〕

21世紀における仏教福祉の課題と展望　シンポジスト　東　一英
宇佐　晋一
三友　量順
長谷川匡俊
コーディネーター　佐賀枝夏文

〔第32号〕平成13年刊

〔公開講演〕

アフリカの人々と動物　諏訪　兼位

〔公開シンポジウム〕

子どもと仏教福祉　シンポジスト　佐賀枝夏文
小野木義男
寺西伊久夫
宇治谷義雄
コメンテーター　奈倉　道隆
コーディネーター　吉田　宏岳

〔研究論文〕

記憶障碍者（健忘症）と介護者のみちゆき　喜多　祐荘
―孤独・求愛の真情に共感する存在（菩薩）―

仏教福祉と仏教看護　藤腹　明子
―看護における五つの側面の配慮を通して―　田宮　仁

近代仏教社会事業実践の成立と終焉　山口　幸照
―真言宗智山派を事例にして―

〔実践報告〕

浅草寺福祉会館における思春期への取り組み　金田　寿世
―スクールソーシャルワーク実践の試み―　渡辺　智明
石川　到覚
壬生　真康

〔研究ノート〕

仏教と精神保健福祉に関する研究　熊澤　利和
―家族の位置づけをめぐって―

介護サービス提供と仏教介護―介護実践の立場から―　佐伯　典彦

〔事務局報告〕〔会則・理事会規程〕〔会員名簿〕〔編集後記〕

〔第31号〕平成12年刊

〔公開講演〕

今、宗教福祉に問われるもの　阿部　志郎

〔公開シンポジウム〕

戦後日本の仏教系社会福祉事業の歩みと展望　シンポジスト　宮城洋一郎
落合　崇志
梅原　基雄
清水　海隆
コーディネーター　長谷川匡俊

〔研究論文〕

戦後の部落問題と仏教　近藤　祐昭

〔調査報告〕

寺院地域福祉活動の現状と可能性　小笠原慶彰

—本願寺派教団単位地域ブロック委員の意識調査を踏まえて—　中垣　昌美

〔研究ノート〕

浄土教福祉論の思想的問題　鈴木　善鳳

〔事務局報告〕〔会則・理事会規程〕〔会員名簿〕〔編集後記〕

〔第30号〕平成11年刊

〔公開講演〕

臨終と福祉—仏教とターミナル・ケア—　庵谷　行亨

〔公開シンポジウム〕

臨終と福祉　シンポジスト　庵谷　行亨

柴田　寛彦

金　　貞鏞

コメンテーター　水谷　幸正

コーディネーター　田宮　　仁

〔特別寄稿〕

日本仏教社会福祉学会の回顧と展望　西光　義敞

—薄明のなかにたたずみ想う—

〔研究論文〕

中西雄洞の修養論　土井　直子

—『労働共済』誌上にみる商工青年会と中西雄洞—

〔海外情報〕

バングラデシュの仏教福祉　その２　—社会福祉についての意識—　谷山　洋三

〔研究ノート〕

仏教社会福祉の主体的契機について　長崎　陽子

〔事務局報告〕〔会則・理事会規程〕〔会員名簿〕〔編集後記〕

〔第29号〕平成10年刊

〔公開講演〕

日米ボランティア考　猿谷　　要

〔公開シンポジウム〕

仏教とボランティア活動　シンポジスト　中嶋　儀一

有馬　実成

大河内秀人

コメンテーター　重田　信一

コーディネーター　石川　到覚

〔研究論文〕

高齢者離婚事例に見る現代家族の危機　東　一英

仏教社会福祉に関する日韓の比較研究
—その3　仏教系老人福祉施設利用者の生活実態をめぐって—　株本　千鶴、金　貞鏞、田宮　仁

戦前期における浅草寺社会事業に関する考察
—『浅草寺社会事業年報』をめぐって—　大久保秀子

〔海外情報〕

バングラデシュの仏教福祉　その1　—Āśram（養護施設）—　谷山　洋三

〔事務局報告〕〔会則・理事会規程〕〔会員名簿〕〔編集後記〕

〔第28号〕平成9年刊

〔公開シンポジウム〕

仏教福祉再考　シンポジスト　長谷川匡俊、中垣　昌美、高石　史人

司会　石川　到覚

〔研究論文〕

近代社会と仏教福祉実践—九条武子と関東大震災—　佐賀枝夏文

安達憲忠の仏教社会事業思想—『貧か富か』を中心に—　土井　直子

仏教司法福祉実践試論—高齢者離婚事件—　桑原　洋子、東　一英、吉元　信行、新居　澄子

〔活動報告〕

東光寺における痴呆性老人のデイケアについて　木川　敏雄

〔研究ノート〕

浄土宗のこども図書館とコミュニティ—児童福祉の視点から—　栗田　修司

〔事務局報告〕〔会則・理事会規程〕〔会員名簿〕〔編集後記〕

〔第27号〕平成9年刊

〔公開講演〕

真言宗と社会福祉—高野山の場合—　和多　秀乗

〔公開シンポジウム〕

仏教福祉と地域社会—地域相扶と「共済」—　演者　池田　敬正

重田　信一
司会　岩見　恭子

〔特別分科会〕「仏教福祉と阪神・淡路大震災」

阪神大震災救助活動　川原　光祐

阪神・淡路大震災における
真宗本願寺派寺院の被災状況および救援活動の実態　村井　龍治
中垣　昌美

阪神大震災と仏教福祉　桂　泰三

高野山大学のボランティア活動報告　所　祥瑞

司会　菊池　正治
宮城洋一郎

〔研究論文〕

仏教社会福祉に関する日韓の比較研究
—その１　韓国・曹渓宗の仏教福祉活動を中心に—　株本　千鶴
金　慧棹
田宮　仁

瓜生　岩と児童救育事業　合田　誠

仏教婦人会活動と社会事業
—浄土真宗本願寺派の仏教婦人会を手がかりに—　中垣　昌美
徳広　圭子

〔活動報告〕

アーユス（仏教国際協力ネットワーク）の活動について　水谷　浩志

〔事務局報告〕〔会則・理事会規程〕〔会員名簿〕〔編集後記〕

〔第26号〕平成７年刊

〔公開講演〕

空也上人の生涯と思想　川崎　龍性

〔公開シンポジウム〕

仏教福祉と国際家族年　演者　安部　行照
岩見　恭子
中垣　昌美
司会　菊池　正治

〔研究論文〕

パーリ仏教における慈悲　柏原　信行

慈悲考—原始仏教に見られる福祉思想の原点—　谷山　洋三

大正期仏教免囚保護事業の動向　村井　龍治
滝村　雅人

現代僧侶の福祉意識　清水　海隆

鹿児島県の過疎問題と仏教福祉　桂　泰三

〔研究ノート〕

空海の密教における福祉理念―『大日経』を題材として―　湯通堂法姫
〔事務局報告〕〔会則・理事会規程〕〔会員名簿〕〔編集後記〕

〔第25号〕平成6年刊

〔公開講演〕
大西良慶和上の人となりと社会奉仕　森　清範
〔公開シンポジウム〕
日本における仏教福祉の原点を探る　演者　中井　真孝
宮城洋一郎
西光　義敞
助言者　中垣　昌美
北元　昍性
司会　池田　敬正
〔研究論文〕
仏教護国団と京都養老院の設立　池田　敬正
仏教司法福祉実践試論（2）　桑原　洋子
―家事調停事件と保護観察中の少年のケースを素材として―　東　一英
吉元　信行
新居　澄子
仏教社会事業学説史の研究　中垣　昌美
池田　和彦
〔実践報告〕
養護施設における家庭機能　松尾　正澄
〔海外情報〕
ライファーズ（終身刑者）の悲嘆と再生　島崎　義孝
〔事務局報告〕〔会則・理事会規程〕〔会員名簿〕
〔日本仏教社会福祉学会年報総目次〕〔編集後記〕

〔第24号〕平成5年刊

〔公開講演〕
子どもの仕合わせを考える―仏陀の教えをいただくものとして―　福田　杲正
〔公開シンポジウム〕
仏教思想が児童福祉に与える影響　演者　荻野　芳昭
佐賀枝夏文
福田　杲正
司会　一柳　豊勝
〔研究論文〕

ビハーラ活動の現代的役割　奈倉　道隆
—浄土真宗本願寺派の実践を通じて—
福祉の基底としての仏教　安藤　順一
平安仏教の社会的実践と良吏について　宮城洋一郎
大正期仏教児童保護事業の動向　中垣　昌美
—保育事業と日曜学校の関わりから—　村井　龍治
滝村　雅人

〔研究ノート〕
林霊法氏の仏教福祉論　服部　正穏
〔海外情報〕
国際ボランティア組織としてのSVA　原田　克己
〔事務局報告〕〔会則・理事会規程〕〔会員名簿〕〔編集後記〕

〔第23号〕平成4年刊

〔公開講演〕
人生は間取りよく　関山　和夫
〔公開シンポジウム〕
社会福祉実践における宗教の役割　演者　池田　敬正
岡田藤太郎
生駒　孝彰
司会　林　信明

〔研究論文〕
韓国仏教社会福祉の課題と展望　慎　爕重
仏教倫理と現代社会　水谷　幸正
黄衣のソーシャルワーカー—スリランカの仏教福祉事例—　上田　千秋
ターミナル・ケアと仏教福祉—その二—　田宮　仁
〔研究ノート〕
学生相談にみる福祉課題の諸相　佐賀枝夏文
〔施設紹介〕
京都文教短期大学付属家政城陽幼稚園　安藤　和彦
〔海外情報〕
アメリカ西海岸の仏教グループとエイズ・プロジェクト　島崎　義孝
〔事務局報告〕〔会則・理事会規程〕〔会員名簿〕〔編集後記〕

〔第22号〕平成3年刊

〔公開講演〕
仏教と福祉　武邑　尚邦

〔公開シンポジウム〕

老人福祉と仏教　演者　上田　千秋
前田甲子郎
武邑　尚邦
司会　宇治谷義雄

〔研究論文〕

重源の社会的実践について　宮城洋一郎

聖ヴァンサン・ド・ポールの信仰と救済　林　信明

『浄土教報』等にみる「社会事業」展開の一考察
―とくに大正期について―　硯川　眞旬

ターミナル・ケアと仏教福祉―その１―　田宮　仁

〔研究ノート〕

仏教社会福祉学における人物史研究
―明治期仏教慈善事業実践者を中心に―　村井　龍治

社会福祉におけるプルラリズム　奥山　桂子

〔施設紹介〕

養護施設「南山寮」　佐藤　憲章

〔自由投稿〕

仏教福祉の視覚と死角　島崎　義孝

〔学会だより〕

事務局報告、会則・理事会規程、会員名簿、編集後記

〔第21号〕平成２年刊

〔公開講演〕

仏教と福祉ボランタリズム　吉田　久一

〔公開シンポジウム〕

仏教福祉とターミナルケア　演者　原田　正二
黒川　昭登
福井　光寿
司会　中垣　昌美
桑原　洋子

〔研究論文〕

親鸞の福祉思想―主体性と連帯性―　上原　英正

近代日本免囚保護事業史における仏教寺院の役割　梅原　基雄

ターミナル・ケアにおけるホスピスとビハーラ　原田　克己

〔実践報告〕

老人ターミナルケアの問題―特別養護老人ホームでの実践を通じて―　兼頭　吉市

〔施設紹介〕

施設処遇の拡大と地方寺院の開放　菅野　弘一

〔学会だより〕

事務局報告、会則・理事会規程、会員名簿、編集後記

〔第20号〕平成元年刊

〔公開講演〕

仏教福祉への期待—市民の立場から—　水江　信雄

仏教福祉の可能性—対象喪失と悲哀の仕事—　小此木啓吾

〔第23回大会公開シンポジウム報告〕

仏教福祉とターミナル・ケア—仏教福祉の広がりを求めて—　田宮　仁

斎藤　芳雄

小泉　敬信

鵜飼　泉道

木曽　隆

〔論文〕

仏陀最晩年の福祉思想　吉元　信行

「ビハーラ」その空間への詩論　菅野　実

小野田泰明

間瀬　正彦

実行の人・加藤時次郎—その社会事業実践を中心に—　向井　啓二

近代大谷派教団社会事業の研究　佐賀枝夏文

—留岡幸助と大草慧実の対立抗争をめぐって—

〔研究ノート〕

知恩院社会課の社会事業活動について　松尾　信亮

〔実践記録〕

老人相談についての一考察　井上　敏機

—特別養護老人ホームを中心として—

〔学会だより〕

事務局報告、会則・理事会規程、会員名簿、編集後記

〔第19号〕昭和63年刊

〔第22回大会公開講演〕

良寛の社会福祉　柳田　聖山

〔特別寄稿論文〕

仏教社会福祉の回顧と展望　守屋　茂

—人格的人間の失地回復をめざして—

〔論文〕

「福田会」の研究　小野　文珖・清水　海隆

叡尊の「非人」救済について　宮城洋一郎

非行臨床実務に生きる仏教理念　桑原　洋子・東　一英・吉元　信行

仏教カウンセリング（3）　木川　敏雄

〔実践記録〕

老人・病人に対する仏教ケア　西光　義敞

〔資料紹介〕

宗教大学の社会事業教育に伴う調査活動　石川　到覚・落合　崇志

〔学会だより〕

敬弔　吹田盛徳先生（上田千秋）、事務局報告、会員名簿、編集後記

〔第18号〕昭和62年刊

〔第21回大会公開講演〕

自然保護の論理と倫理　沼田　真

ディアコニアについて　深津　文雄

〔論文〕

仏教カウンセリング（2）　木川　敏雄
—『大乗起信論』における熏習論のカウンセリング的理解—

ヒューマン・エコロジー派ソーシャル・ワークの「東洋的宗教」への問いかけ—C.B.Germain からの「評価」が「問いかけ」るもの—　岡田　真

律令国家の賑給政策と行基の救済事業　宮城洋一郎

観無量寿経に現れた社会福祉的援助法　宇治谷義雄

寺院の援助相談（その五）　佐藤　光兆
—他人の問題で困っていることを訴える二つの事例について—

保育内容の研究—どろんこ保育の基礎理論—　塩川　寿平

〔学会だより〕

事務局報告、会則・理事会規程、会員名簿、編集後記

〔第17号〕昭和61年刊

〔大会公開講座〕

福祉と真宗　浜田　耕生

私と親鸞　三国連太郎

〔論文〕

大関尚之の仏教日曜学校観　村上尚三郎

仏教と老人福祉―老人ホームにおけるターミナル・ケア―　田宮　仁、小山　剛、兼頭　吉市

真宗教学の立場から見た社会福祉方法　宇治谷義雄

仏教カウンセリング　木川　敏雄

仏教福祉を取り入れた老人楽団の実践活動　寺本　正範

寺院の援助相談（その四）―中心的教本とその活用（2）―　佐藤　光兆

浄土教における仏教社会福祉活動の原理　奈倉　道隆

〔学会だより〕

事務局報告、会則・理事会規程、会員名簿、編集後記

〔第16号〕昭和60年刊

〔第19回大会公開講演〕

現代における福祉問題の焦点
―社会福祉に対する基本的な疑問―　林　霊法

〔論文〕

社会福祉の危機と仏教福祉―基礎福祉と社会的連帯を追う―　守屋　茂

近代における本願寺教団と社会事業　中垣　昌美、長上　深雪

寺院の援助相談（その三）―中心的教本とその活用について―　佐藤　光兆

ソーシャルワークにおける仏教理念の活用
―ソーシャルワーク実践試論―　桑原　洋子、吉元　信行、東　一英

〔学会だより〕

事務局報告、会則・理事会規程、会員名簿、編集後記

〔第15号〕昭和59年刊

〔第18回大会公開講演〕

菩薩について　真野　龍海

〔論文〕

宗教大学社会事業研究室の開室をめぐって　落合　崇志、石川　到覚

武内了温にみる社会事業観　菊池　正治

寺院の援助相談（その二）
―感情誘因性妄想様思考の来談者について―　佐藤　光兆

老人の終末への不安と仏教社会福祉—安楽死論議への疑問—　奈倉　道隆

ある生活保護受給老人の生活保障問題と寺院・地域社会　伊藤　秀一
—東北の人口一万余の町の場合—

〔学会だより〕

事業局報告、会則・理事会規程、会員名簿、編集後記

〔第14号〕昭和58年刊

〔第17回大会公開講演〕

仏教者の社会的役割　信楽　峻麿

〔論文〕

仏教と社会福祉の接点—前提条件についての試論—　田宮　仁

仏教者の「社会福祉」活動は今後も先駆性をもつか　佐々木元禧
—仏教徒方面委員活動から思いいたること—

仏教社会事業の再吟味　守屋　茂
—親鸞のいう浄土の慈悲を視点として—

障害者福祉と禅—禅門仮名法語からの考察—　池田　豊人

〔学会だより〕

会則、理事会規程、会員名簿、編集後記

〔第13号〕昭和57年刊

〔第16回大会公開講演〕

障害者への理解のために　掘　要

〔シンポジウム〕

障害者福祉における仏教者の立場　高石　史人
常盤　勝憲
寺嶋　久男

〔論文〕

盲人教育・福祉における仏教の役割—「慈眼視衆生」山本暁得と仏眼協会—　赤阪　一

昭徳会における仏教福祉　宇治谷義雄

音楽を通した仏教福祉の実践　寺本　正範

寺院に於ける援助相談について　佐藤　光兆

国際障害者年と仏教教団　大橋　隆憲

〔学会記事〕

〔第12号〕昭和56年刊

〔シンポジウム〕

近代仏教と社会福祉—大乗仏教の立場から見る—　森永　松信

〔論文〕

仏教社会事業の課題　守屋　茂

—体験としての全人格的人間像を目指して—

近代仏教と社会福祉　芹川　博通

〔学会記事〕〔会員名簿〕

〔第11号〕昭和54年刊

〔論文〕

浄土真宗における社会福祉　宇治谷義雄

大乗仏教精神と社会福祉　森永　松信

仏教社会事業史一考—仏教教団と社会事業従事者養成—　菊池　正治

佐伯祐正にみる社会事業観　込谷　明

アメリカにおける社会福祉と仏教　西光　義敞

仏教における障害者観の一考察Ⅰ　内海　正

—主として概念及び原因論について—

時衆における四恩思想について　早坂　博

障害児教育・福祉開創の軌跡—近代京都の精神風土—　赤阪　一

あいりん地区の就労形態—手配師と公的あっせん—　釈　智徳

〔第9・10合併号〕昭和53年刊

〔論文〕

浄土教と社会福祉　奈倉　道隆

奈倉　民子

四無量再考　村上　真完

作法に関する道元の説示と精神薄弱教育　内海　正

—基本的生活習慣の教育的意義—

西光万吉における「親鸞」　近藤　祐昭

仏教社会事業の問題点　西山　廣宣

—施設機関と宗教（仏教）との関係—

聖徳太子の慈悲観　望月　一憲

「自閉児の教育の方法」に関する考察　河添　邦俊

〔発表レジメ〕

長谷川良信の仏教社会事業について　長谷川匡俊

救療事業と真言律　広瀬　智一

一遍と非人の問題について　早坂　博

〔学会記事〕

〔第 7・8 合併号〕昭和50年刊

〔論叢〕

日本仏教社会事業への提言—風土と主体性を中心に—　上田　官治

老人が神仏に楽死を祈る流行　福原　蓮月

〔所感〕

年報特集号「仏教社会事業の基本問題」について　上田　官治

仏教社会事業の諸説を巡って　守屋　茂

〔学会記事〕〔消息〕

〔年報特集号〕『仏教社会事業の基本問題』昭和49年刊

仏教社会事業の現状と問題点　西光　義敞

大衆の福祉開発をめざして　福原　亮厳

核心としての精神的要素　道端　良秀

自他の価値づけと妥当の普遍化　森永　松信

内観的主体性の確立　西山　廣宣

仏教社会事業の論理　守屋　茂

〔第 6 号〕昭和49年刊

〔論叢〕

平安時代の社会救済活動について　早坂　博

仏教社会事業の将来に対する問題点　田岡　貫道

教団社会事業の特質　原田　克己

東北仏教社会事業の歴史的検討　田代国次郎

社会福祉の動向と仏教社会福祉事業　中田　幸子

〔学会記事〕

〔第 4・5 合併号〕昭和48年刊

〔論叢〕

社会生活と仏教社会福祉　森永　松信

イデオロギーと仏教社会福祉学　西山　廣宣
—仏教と社会主義ということを中心に—

仏教社会事業考察の前提　清水　教恵

仏教社会事業の回顧と東北仏教社会福祉史の研究　田代国次郎

最澄の思想と社会事業　早坂　博

佐伯祐正における仏教と社会事業　中下　公陽

社会福祉専門職集団における宗教とエトス　原田　克己

〔学会記事〕

〔第 2・3 合併号〕昭和46年刊

〔論叢〕

慈悲行の成立に関して　村上　真完

仏教福祉理念としての檀波羅蜜についての一試論　西山　廣宣
―仏教改革の思想（二）―

明治期における仏教社会事業―近代仏教の形成と児童保護―　加藤　展博

聴くことの背景　松田　紹典

仏教社会事業と福祉国家論　原田　克己

仏教社会事業のねらい（究極するもの）　福井　豊信

仏教社会事業の基本的性格について―東洋的伝統を顧みて―　守屋　茂

仏教社会福祉論の成立基底　武田　忠

民間遊行僧の救済活動とその思想的背景　早坂　博

仏教社会福祉の基本的原理　森永　松信

〔第 1 号〕昭和44年刊

〔研究発表〕（要旨）

仏教慈悲思想―聖徳太子を中心として―　早坂　博

中国仏教社会福祉の問題点　道端　良秀

コミュニティーセンターとしての寺院の役割　北崎　耕堂

新興宗教の功罪と社会福祉　中村　康隆

仏教相談活動の問題点　西光　義敞

〔学会記事〕〔仏教社会事業関係文献目録〕〔学会会則〕〔会員等名簿〕

『日本仏教社会福祉学会年報』編集規程

2015年４月25日施行

（名称）

第１条　本誌は、日本仏教社会福祉学会の機関誌『日本仏教社会福祉学会年報』（Japanese Journal of Buddhist Social Welfare Studies）と称する。

（目的）

第２条　本誌は、原則として本学会年次大会報告および本学会会員の仏教社会福祉研究に関する発表にあてる。

（資格）

第３条　本誌に投稿する者は、共著者も含めて本学会会員の資格を得ていなければならない。

（発行）

第４条　本誌は、原則として１年１号を発行するものとする。

（内容）

第５条　本誌に、研究論文、研究ノート、実践報告、調査報告、海外情報、資料紹介、図書紹介、その他の各欄を設ける。

（編集）

第６条　本誌の編集は、日本仏教社会福祉学会会則第４条第３項および第７条の規定に基づき機関誌編集委員会が行う。

（編集委員会の役割）

第７条　編集委員会の役割は、「日本仏教社会福祉学会機関誌編集委員会規程」による。

（投稿要領）

第８条　投稿原稿は、「日本仏教社会福祉学会機関誌『日本仏教社会福祉学会年報』投稿要領」にしたがって作成するものとする。

（著作権）

第９条　本誌に掲載された著作物の著作権は、日本仏教社会福祉学会に帰属する。

（事務局）

第10条　編集事務局は、日本仏教社会福祉学会事務局に置く。

（規程の変更）

第11条　この規程を変更するときは、理事会の議を経なければならない。

附則

この規程は、2015年４月25日より施行する。

日本仏教社会福祉学会機関誌『日本仏教社会福祉学会年報』投稿要領

2015年４月25日施行

1．日本仏教社会福祉学会会則第７条および『日本仏教社会福祉学会年報』編集規程第２条に基づき、投稿者は共著者を含め、原則として投稿の時点で学会員資格を得ていなければならない。

2．投稿の種類は、研究論文、研究ノート、実践報告、調査報告、海外情報、資料紹介、図書紹介、その他とし、研究論文、研究ノート、実践報告、調査報告は、原則として本会会員による自由投稿とする。掲載ジャンルは編集委員会において決定する。

3．投稿する原稿は、未発表のものに限る。

4．投稿原稿は、１編ごとに独立、完結したものとして扱う。したがって、表題に「上・下」「１報・２報」「Ⅰ・Ⅱ」等をつけない。

5．投稿の締切りは、毎年１月末日とする。

6．投稿原稿は、図表・注・引用文献を含めて20,000字以内とする。図表は１点につき600字換算とするが、１ページ全体を使用する図表については1,600字換算とする。

7．投稿するにあたっては、以下を厳守する。

(1) 原則としてワードプロセッサー等で作成し、縦置きA4判用紙に印刷した原稿３部および原稿の内容を入力した電子媒体を日本仏教社会福祉学会事務局宛に送付する。３部の内、１部を正本、２部を副本とする。

(2) 副本の本文では、著者の氏名、所属、謝辞および著者を特定することのできるその他の事項をマスキング等の方法で伏せる。文献一覧等の表記でも、本人の著を「筆者著」「拙著」等とせず、筆者名による表記とする。

(3) 正本、副本とも３枚の表紙をつけ、本文にはタイトル（英文タイトル併記）のみを記載し、所属、氏名等個人を特定できる情報を記載しない。

(4) 正本の表紙１枚目には、①タイトル、②所属、③氏名（連名の場合は全員、ローマ字併記）、④連絡先を記入する。副本の表紙1枚目は、①タイトル以外は、マスキングする。

(5) 表紙の２　枚目には、和文抄録（400字以内）とキーワード（５語以内）を記載する。

(6) 表紙の３　枚目には、英文抄録（200字以内）と英文キーワード（５語以内）を記載する。

8．投稿された原稿および電子媒体は返却せず、２年間保存のうえ、廃棄する。

9．投稿原稿掲載の可否は、機関誌編集委員会が決定する。ただし、論文、研究ノートとして掲載される場合は、査読委員の審査に基づき機関紙編集委員会が決定する。したがって、「査読付」と明示できるのは、「論文」「研究ノート」として採用・掲載されたものに限る。

10．文章の形式は、口語体、常用漢字を用いた新仮名づかいを原則とする。注や引用の記述形式は、「日本社会福祉学会機関誌『社会福祉学』執筆要領〔引用法〕」を標準とする。ただし、他学会等で公認されている引用法による場合は、その引用法を明記するものとする。

11. 投稿原稿に利用したデータや事例等について、研究倫理上必要な手続きを経ていることを本文または注に明記する。また、記述においてプライバシー侵害がなされないように細心の注意をする。
12. 査読による修正の要請については、論文の修正箇所を明示し、対応の概要について編集委員会あてに回答する。また、査読に対する回答の必要がある場合も編集委員会あてに行う。
13. 査読を行わない論稿についても必要に応じて編集委員会より修正を求める。
14. 掲載決定通知後の最終原稿は次のとおり作成する。
    ① 本文・注・引用文献については、印字した原稿とWordまたはテキスト形式で保存した電子媒体を提出する。
    ② 図表は、本文とは別に1葉ごとにA4判にコピーして提出する。図表の挿入箇所は、本文に明記する。なお、特別の作図などが必要な場合には、自己負担を求める。
15. 自由投稿によって掲載された論稿については、抜き刷りを作成しない。その他の論稿については、編集委員会の判断による。
16. 投稿原稿の採否に関して不服がある場合には、文書にて委員会に申し立てることができる。また、委員会の対応に不服がある場合には、日本仏教社会福祉学会理事会に申し立てることができる。
17. 海外情報欄は仏教社会福祉実践およびその研究動向の紹介にあて、その依頼は委員会が行う。
18. 資料紹介、図書紹介欄は、国内外の仏教社会福祉研究に関する文献・史資料の紹介にあて、その依頼は委員会が行う。
19. 本要領の変更は、日本仏教社会福祉学会機関誌編集員会で検討し、理事会の議を経なければならない。

附則

1　この要領は、2015年4月25日から施行する。

日本仏教社会福祉学会機関誌編集委員会規程

2015年4月25日施行

（設置）

第１条　日本仏教社会福祉学会会則第４条第３項および第７条の規定に基づき機関誌編集委員会（以下「委員会」）をおく。

（任務）

第２条　委員会は、日本仏教社会福祉学会機関誌『日本仏教社会福祉学会年報』発行のため必要な編集・原稿依頼・投稿論文の審査・刊行などの事務を行う。

（構成）

第３条　委員会は、編集委員長および委員で構成される。

２　編集委員長には担当理事をもって充てる。

３　委員は編集委員長の推薦により、理事会の議に基づき、代表理事が委嘱する。

（任期）

第４条　委員長、委員の任期は３年とする。

２　ただし、再任は妨げない。

（委員会）

第５条　編集委員長は、原則として年１回、学会大会期間に合わせて委員会を招集する。

２　委員会は、機関誌編集および査読制度に関する基本事項について協議する。

３　委員会は、第２項に関わらず、必要に応じて電子通信等その他の手段を用いて適宜意見交換する。

（査読委員の委嘱）

第６条　投稿論文の審査のため、査読委員をおく。

２　査読委員は委員会の推薦に基づき、代表理事が委嘱する.

３　査読委員の任期は３年とする。

４　代表理事は委員会の推薦に基づき、特定の論文を審査するため臨時査読委員を委嘱することができる。

５　査読委員および臨時査読委員は、委員会の依頼により、投稿論文・研究ノートを審査し、その結果を委員会に報告する。

６　委員会は、査読委員の審査報告に基づいて、投稿論文・研究ノートの採否、修正指示等の措置を決定する。

（疑義・不服への対応）

第７条　委員会は、投稿者から査読内容もしくは採否決定に関して疑義・不服が申立てられた場合には、速やかに対応し回答する。なお、委員会の回答に疑義・不服がある場合、理事会に申立てることができる。

（規程の変更）

第８条　この規程を変更するときは、理事会の議を経なければならない。

附則

１　この規程は、2015年４月25日より施行する。

２　委員の任期は、理事会の任期に同じとする。

日本仏教社会福祉学会会則

第一条（名称）本会は、日本仏教社会福祉学会（Japanese Association for Buddhist Social Welfare Studies）と称する。

第二条（事務局）本会の事務局は、代表理事の指定した地におく。

第三条（目的）本会は、仏教社会福祉に関する学術的研究及び仏教社会福祉事業の推進を目的とする。

第四条（事業）本会は、その目的を達成するため、次の事業を行う。

1　学術大会、講演会、研究会等の開催

2　仏教社会福祉関係の施設及びその従事者との連絡、発展普及のための事業

3　機関紙その他必要な刊行物の発行

4　その他、必要な事業

第五条（会員・会費）本会の会員は次の通りとし、所定の年会費を納めることとする。選挙権・被選挙権については別に定める。

1　個人会員　本会の趣旨に賛同する個人で、理事会の承認を経た者

1－1　一般会員　年会費8,000円

1－2　学生会員　年会費3,000円。個人会員のうち、大学・大学院・専門学校等の教育機関に在学している者（本人の申請による。一般会員に変更可。なお、卒業または修了と同時に一般会員に移行する）

1－3　賛助会員　年会費5,000円。個人会員のうち、満65歳以上の者（本人の申請による。一般会員に変更可）

1－4　実践会員　年会費5,000円。個人会員のうち、仏教社会福祉を実践する者（本人の申請による。一般会員に変更可。

2　団体会員　本会の事業促進のために助成をなす団体で、理事会の承認を経た者。年会費30,000円とする

3　名誉会員　本会に功労のあった個人で、別に定める「名誉会員基準」を満たし、理事会の承認を経た者。名誉会員は会費の納入を要しない

第六条（入会）本会に入会を希望する者は、申込書を本会事務局に提出し所定の会費を納めるものとする。

第七条（会員の権利）

1　会員は、本会刊行物の配布を受け、各種の会合に出席し、また年報及び大会において、その研究を発表することができる。但し、会費を前年度分まで納入していない者は、年報及び大会において、その研究を発表することが出来ず、刊行物の配布を受けられない

2　選挙権・被選挙権については、理事選出規定において別に定める

第八条（退会）退会を希望する者は、退会届を本会事務局に提出する。なお、退会の承認は退会届が提出された年度の年度末とし、過年度分の未納会費ならびに当該年度の会費を納めることとする。また、如何なる場合でも既納の会費は返還しない。会費を３年以上にわたって滞納した者は、理事会において退会したものとみなすことがある。

第九条（役員）本会は次の役員をおく。

1　理事　　若干名、うち一名を代表理事とする。なお、理事会に関する規定は別に定める

2　監事　　２名

第十条（役員の選出）理事及び監事は、別に定める選出規程に基づいて選出し、総会の承認を得る。代表理事は理事会の中から互選する。

第十一条（役員の任期）役員の任期を次の期間とする。

1　役員の任期は３年とする。但し再任は妨げない。就任の期日を４月１日とし、任期終了の期日は３月31日とする。但し、中途において就任した役員の任期は前任者の残任期間とする

2　代表理事の任期は一期３年である。但し、再任の場合は連続二期までとする。また、通算で三期を上限とする

第十二条（職務）代表理事は、本会を代表し会務を施行する。代表理事が事故あるときは、理事の一人が代行する。

監事は、会務及び会計の執行状況を監事する。

第十三条（委員）理事会は、委員を委嘱することができる。委員は、会務執行の促進を図る。

第十四条（事務職員）本会の事務局に事務職員をおく。

第十五条（総会）本会は毎年一回総会を開く。必要がある場合には臨時総会を開くことができる。

第十六条（決議）総会、理事会の議事は出席者の過半数をもって決する。

第十七条（経費）本会の経費は、会費・寄附金及びその他の収入をもってこれにあてる。

第十八条（予算・決算）本会の予算及び決算は、理事会の議を経て、総会によって決定する。

第十九条（会計年度）本会の会計年度は、毎年４月１日に始まり、翌年３月31日で終わるものとする。

第二十条（会則変更）会則の変更は、総会の議決によるものとする。

付則

1　この会則は、昭和四十一年十一月十一日より施行する

2　この会則は、昭和四十五年十月十七日より施行する

3　この会則は、昭和五十二年十月十五日より施行する

4　この会則は、昭和六十二年四月一日より施行する
5　この会則は、平成元年十月二十八日より施行する
6　この会則は、平成十三年十二月一日より施行する
7　この会則は、平成十六年九月十一日より施行する
8　この会則は、平成十七年九月十日より施行する
9　この会則は、平成十八年九月九日より施行する
10　この会則は、平成二十八年十月一日より施行する
11　この会則は、平成三十年九月二十九日より施行する

日本仏教社会福祉学会理事選出規程

第一条（制定の根拠）

本規程は、「日本仏教社会福祉学会会則」第五条（会員）・第九条（役員）・第十条（役員の選出）により、これを制定する。

第二条（選挙管理委員会）

理事会が指名する理事１名と若干名の会員で選挙管理委員会を組織する。

第三条（選挙権・被選挙権）

選挙権及び被選挙権を有する者は、選挙が行われる年の４月１日までに、前年度までの会費を納入している会員とする。

１．一般会員は選挙権、被選挙権をともに有する。
２．学生会員は選挙権、被選挙権をともに持たない。
３．賛助会員は選挙権のみを有する。
４．実践会員は選挙権のみを有する。
５．団体会員は選挙権、被選挙権をともに有する。
６．名誉会員は選挙権のみを有する。

第四条（理事の構成および定員）

１．本学会の理事は、個人会員選出理事（以下、個人理事）と団体会員選出理事（以下、団体理事）とする。なお、団体理事は、当該団体の代表者にこだわらず、学会会員たる者とする。
２．理事定員は18名とする。理事の選出にあたっては、ａ．選挙による選出枠を10名、ｂ．被選出者による推薦枠を８名以内とする。
　ａ．選挙による選出枠のうち、個人理事を７名、団体理事を３名とする。
　ｂ．被選出者による推薦枠のうち、個人理事と団体理事の比率は特に定めないが、地域的配分が考慮されることが望ましい。

第五条（理事選出の方法・手順・理事役員会の構成）

１．個人理事の選出にあたっては、各個人会員が２名を連記する無記名投票により得票数の多い順により選出する。
２．団体理事の選出にあたっては、各団体会員が２団体を連記する無記名投票により得票数の多い順により選出する。
３．個人会員・団体会員別に選挙を実施し、得票数の上位者より定数までを理事候補者とし、選出された理事候補者からの推薦理事候補者と併せてこれを総会の議に諮る。
４．代表理事は総会の承認を得た理事の互選によって選出する。
５．監事は、理事会の推薦により決定する。その職務の内容から、少なくとも１名は本会事務所の所在地に近在の者が望ましい。

以上

（平成10年９月12日　総会承認）
（平成13年12月１日　改正承認）
（平成15年10月18日　改正承認）
（平成16年９月11日　改正承認）
（平成18年９月９日　改正承認）
（平成21年９月５日　改正承認）
（平成30年９月29日　改正承認）

日本仏教社会福祉学会理事会規程

一　本会は理事をもって組織する。
二　本会は日本仏教社会福祉学会の会務を執行する。
三　本会は代表理事が招集する。
四　本会に議長を置き、代表理事をもって充てる。
五　二分の一以上の理事から理事会の招集を請求された場合には、早急にこれを招集するものとする。
六　本会は理事総数の二分の一以上の理事の出席をもって成立するものとする。
七　本会の議事は出席者の過半数で決し、可否同数のときは議長の決定するところによる。
八　議長は理事会の開催場所、日時、決議事項及びその他の事項について議事録を作成するものとする。
九　議事録には、出席理事全員が署名捺印し、常にこれを学会事務所に据え置くものとする。
十　名誉会員は理事会にオブザーバーとして出席することができる。

日本仏教社会福祉学会内規

(1) 慶弔に関する内規
一　日本仏教社会福祉学会の名誉会員及び理事・監事の現職及び経験者を対象として、一万円を上限として祝電等の対応を取ることが出来る。

以上

(平成十四年九月七日　総会承認)

(平成十六年九月十一日　改正承認)

(2) 名誉会員推薦基準内規
一　日本仏教社会福祉学会の名誉会員の推薦基準は、「１」を満たした者の内、２または３の一つ以上に該当するものと定める。
１．推薦時の年齢が75歳以上の者。
２．代表理事経験者。
３．理事・役員の延べ在任期間において３期又は９年以上の者。但し、理事は個人理事としての期間のみを計上する。

(3) 研究会、勉強会等開催の際の講師謝礼に関する内規
一　日本仏教社会福祉学会として開催する研究会、勉強会等に際して講師を依頼する場合、予算の範囲内において、以下の基準を上限として、講師謝礼を支払う事ができる。
１．本会会員の場合、5,000円を上限とする。
２．本会会員以外の場合、20,000万円を上限とする。

以上

(平成二十八年十月一日　改正承認)

日本仏教社会福祉学会研究倫理指針

2016年10月１日施行

第１　総　則

（目的）

日本仏教社会福祉学会は、本学会会員の研究倫理および研究過程および結果の公表等に関して本指針を定める。

（遵守義務）

１．日本仏教社会福祉学会会員は、研究および研究過程・結果の公表に際して、関係法令の遵守や社会人としての一般的な倫理や注意義務は言うまでもなく、研究者としての倫理が付加的に要請されることを自覚し、本指針に則って行動しなければならない。

第２　指針内容

１．研究者は、盗用は言うまでもなく、その疑義を生じさせる行為も、研究倫理違反であると自覚しなければならない。

２．研究者は、引用に際して著作権法等の関係法令を遵守することは言うまでもなく、それ以上に求められる研究倫理上の手続きも踏まえなければならない。

３．研究者は、事例研究法を用いる場合、事例の対象者（当事者）の個人情報の保護等に関して、個人情報保護法等の関係法令を遵守することは言うまでもなく、それ以上に求められる研究倫理上の手続きも尊重しなければならない。

４．研究者は、調査研究法を用いる場合、研究者の所属する機関、または当該調査の実施に当たって承認を得なければならない機関の研究倫理委員会において、その調査が承認されていなければならない。この場合、その承認の事実について明示的に示されていなければならない。ただし、倫理委員会への付議を要さない調査研究については、この限りではないが、一般的な研究倫理を逸脱してはならない。

５．研究者は、書評に際して、公正・客観的でなければならない。

６．書評者は、著者の反論に応答しなければならない。

７．査読に際して、著者と査読者双方が匿名を厳守しなければならない。

８．査読者は、公正・客観的に査読を行わなければならない。

９．査読者は、著者の反論に応答しなければならない。

10．研究者は、いかなる研究誌に対しても多重投稿を行ってはならない。

11．研究者は、研究慣行上許容される場合を除いて、同一内容の研究成果を重複公表してはならない。

12．研究者は、研究誌への投稿に際して、投稿規程、執筆要領等を遵守することは言うまでもなく、不当な不服申し立てを行ってはならない。

13. 研究者は、学会発表に申し込んだ後は、慣行上許容される場合を除いて、発表を辞退してはならない。また要旨集の作成、発表資料の作成、発表時間、発表方法その他の必要な事項について、学会および年次大会実行委員会等の定めたルールにしたがわなければならない。
14. 研究者は、所属機関および他の機関により支給される研究費を用いて研究する場合は、補助金等に係る予算の執行の適正化に関する法律等の関係法令を遵守することは言うまでもなく、研究費の供与機関が定める関係規程や慣行を遵守しなければならない。
15. 研究者は、差別的表現とされる用語や社会的に不適切とされる用語を研究目的に沿って慣行上許容される場合しか使用してはならない。また、許容される理由について明示的に示されていなければならない。
16. 研究者は、差別的表現とされる用語や社会的に不適切とされる用語に関して、一般的に求められる水準以上の感受性を持つよう努力しなければならない。
17. 研究者は、いかなるハラスメントあるいはその類似行為も行ってはならない。
18. 研究者は、いかなる中傷あるいはその類似行為も行ってはならない。
19. 研究者は、共同研究の成果を公表する場合、研究・執筆に関わった者のすべての氏名を明記しなければならない。

附則

1　この指針は、2016年10月１日より施行する。

日本仏教社会福祉学会年報

５１号

令和３年３月

２０２１.３

日本仏教社会福祉学会

目次

基調講演

「江戸と浅草寺　～都市と寺院の接近プロセス～」

浅草寺教化部執事・勧学所長　壬生　真康

◆**総合司会**（浅草寺福祉会館主任　平田真紹）

基調講演は壬生真康師による『江戸と浅草寺　～都市と寺院の接近プロセス～』でございます。ご講演の前に講師のご紹介をいたします。師は東京大学文学部西洋史学科、同大学院経済学研究科博士課程で学ばれ、当山では一九九〇年から浅草寺一山、泉蔵院住職、その後二〇〇〇年より寿命院住職として晋山されまして、現在は浅草寺教化部執事、勧学所長、こども図書館主任を務めていらっしゃいます。ご著書には、二〇一六年に上梓されました『名作散歩で親しむ仏教　浅草寺 diary』があります。それでは壬生先生よろしくお願いいたします。

◆**壬生**

ただいまご紹介いただきました壬生でございます。本日はよろしくお願い申し上げます。私の話はプレゼンテーションでございますのでスクリーンをご覧いただきながら、大切なシンポジウムの前座として、くつろいでお聞きいただければありがたいと存じております。それでは、早速始めさせていただきます。

先ほどからお話がございますように、寺院の福祉活動というテーマで、特にシンポジウムでは浅草寺の福祉活動が取り上げられると伺っております。その前提といたしまして、東京という都市と浅草寺の関係について考えます。江戸と浅草寺という観点をご提示して、ごく簡単でございますがお話を進めたいと思います。

話の構成としては、まず江戸と浅草というところから始めます。江戸と浅草は、ご存じのようにもともとは異なる地域でありました。家康が任地して江戸という町がだんだん大きくなってきますが、浅草はそれよりはるか昔から大勢の人が住んでいる地域でありました。江戸の中に浅草がどのように融合していくかということが一つの出発点でございます。江戸の都市化といいます

か、浅草を中心とした周辺地域を包含していく際の視点として、縁起と開帳というものが江戸時代にどのような意味を持ってきたかということに焦点を当てたいということでございます。次に江戸時代の浅草寺の特徴について、重要な点をいくつか確認してまいりたいと思います。近代以降につきましては本日のシンポジウムで報告がございますので、この場での詳述は避けたいと思っております。最後に宗教と都市の関係性について考えます。

一．江戸と浅草

まず、江戸と浅草ということですが、雷門のランドマーク的な意味、アイコン性ということについてです。多くの方が東京、あるいは浅草寺というと、まず雷門の画像、門のイメージを思いおこすと思いますので、その点について考えてまいります。次に都市と川という問題です。多くの都市、世界的な都市にはたいてい有名な川が流れておりますが、江戸(東京)という町が発展していく場合に、隅田川がどのような意味を持っているかということを少し考えます。それから、江戸の発展、その中で浅草がどのようなプロセスで江戸の町の中に含まれていったか、最後は浅草地域の歴史性、このような点から簡単に振り返ってみたいと思います。

ランドマークとしての雷門、アイコン性

浅草寺のシンボルは雷門でございます（図①）。浅草寺、あるいは浅草といいますとほとんどの人がまず雷門を連想しますし、今の東京のシンボリックな存在にもなっております。いろいろなテレビ番組やニュースなどでも、必ず浅草を象徴する、あるいは東京を象徴する場合に雷門というアイコン、浅草寺の総門が出てくることについて考えたいと思います。また、浅草や浅草寺は「江戸」的なものの代表のひとつとされていますが、それは江戸をどう考えるか、ということにも関わってまいります。雷門は江戸のシンボルとなるのでしょうか。

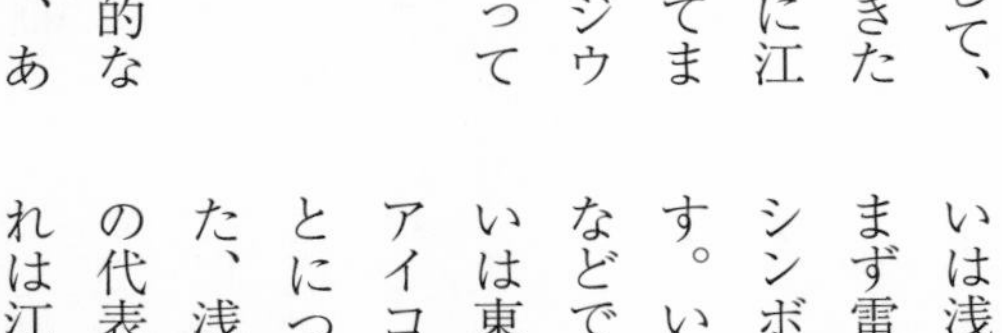

図①　雷門

雷門の正式名称は風雷神門で、向って右が風神様、左が雷神様でございます。中央の大提灯は大体七〇〇キロぐらいありまして、京都の高橋提灯さんが作ってくださり、ほぼ一〇年おきにパナソニックさんの奉納で今日に至っているわけでございます。この門は実は近年の建造物です。寺暦で見ますと、最初は天慶五年（九四二年）に平公雅が駒形に建立し、その後、幾度も焼失と再建を繰り返しております。江戸時代になって寛永一二年（一六三五年）に現在の場所に建立されたのですが七年後に焼失、また慶安二年（一六四九年）に再建、明和四年（一七六七年）に焼失、寛

政七年（一七九五年）に再建しましたが慶応元年（一八六五年）に焼失しております。その後、現在の雷門が昭和三五年（一九六〇年）に松下幸之助さんの寄進により再建されたものですから、九五年間存在しなかったわけです。

安政三年（一八五六年）に歌川広重が描いた『名所江戸百景』に「浅草金龍山」という有名な浮世絵がございます（図②）。この当時は「雷門」ではなく「志ん橋」の提灯が描かれております。安政二年（一八五五年）の江戸の大地震で、五重塔（当時は右側にありました）の九輪の天辺が曲がってしまったのですが、それが修復されてまっすぐに描かれており、災害の復興を江戸の市民に告げる意味合いを持っております。この絵が描かれた九年後に雷門は焼失してしまい、その後昭和三五年（一九六〇年）までは存在しなかったわけです。雷門というのはずっと浅草寺の山門として存在していたかのように考えられておりますが、この場所には九五年間何もなかったわけです。しかし、大事な場所ですので、日露戦争の勝利を記念する凱旋門ですとか、あるいは関東大震災の後には帝都復興の奉祝塔とか、このような大事な建造物が近代以降も造られていました。

図②　広重　浅草金龍山

明治の人の理解は、東京の中にかつての江戸の町があり、その江戸の一部として浅草寺の雷門があったということです。しかし、最近の雷門のイメージというのは、東京とか江戸というものを包み込んで訴求力が非常に強いランドマークというかアイコン的なものではないかと考えております。

例えば、二〇一六年のリオのオリンピックの閉会式で二〇二〇年の東京オリンピックを紹介した『SEE YOU IN TOKYO』の映像では、雷門やスカイツリーが映っています。雷門を他の方が使う場合は浅草寺の教化部に使用許可を出していただくことになっているのですが、この時全く出してもらえませんでしたが（会場：笑い）。東京オリンピックのイメージを公式的に作ったものですが、浅草寺の本堂や雷門、スカイツリーなど、かなり隅田川周辺の画像に偏っているような感じがいたします。このように、雷門のイメージは浅草寺の総門であると同時に、江戸情緒のシンボル（表徴）であり、東京のアイコンであると、こういう感じではないかと思っております。

ランドマークの機能としては、都市の分かりやすさ、イメージを構成する要素、都市自体を表徴するという意味合いです。ひいては今のオリンピックもそうですが、国のシンボルにもなり得ま

す。歴史的な記憶を媒介するものがランドマークの必要条件であります。世界的にも非常に多くの外国人が雷門周辺に来ており、そのような画像がニュース映像によく出ます。平成三〇年には東京都に外国人旅行者が一、四二四万人、日本人旅行者は五億人強です。台東区の集計ですと、これはいわゆる観光客ですから参詣者ではないのですが、年間二、〇〇〇万人弱ぐらいとなっています。

一つの都市のシンボルとして何らかの建造物をいう場合、例えばローマのコンスタンティヌス凱旋門ですが、これはローマオリンピックではマラソンのゴール地点です。凱旋門というのは門と言っていますけれども言語的にはアーチということです。パリの場合もエッフェル塔やエトワール凱旋門などたくさんあります。こういうものは大体一九世紀にできました。エッフェル塔も一〇〇年ぐらい前の一八八九年にできているわけです。雷門はこれよりも新しい建築物ですが東京のランドマークになっています。逆に考えますと、都市イメージというものは近代的な意味合いを持っているといわれますが、仮に雷門が焼けなくて江戸時代の姿のままであった場合に、それが東京のランドマーク、アイコンになり得るのかというようなことも考え及ぶわけでございます。

都市と川

もう一つ、都市と川の関係です。パリにはセーヌ川がありますが、川の中洲にあるシテ島がパリの発祥の地です。この前ノートルダム大聖堂が火事になってしまいましたが。ロンドンの場合もテムズ川があって、タワーブリッジ、ビッグベン、ウェストミンスターパレスなどがあるわけです。ところが江戸形成の場合、一六〇〇年前後の図を見ると、隅田川は今とは流れが違います。千束池、姫が池などが浅草を囲んでいます。日比谷に入り江があり、江戸前島もまだあります。このあと造られる江戸城と浅草は全く隔絶した地域でございます。

江戸の発展、浅草を包含

徳川幕府は天正一八年（一五九〇年）に家康が入府して、浅草寺に三箇条の禁制を作り寺領五〇〇石を与えて徳川の祈願所として朱印いたします。その後、関ケ原の戦いで戦勝祈願をして勝ちましたので、浅草寺境内に東照宮を造営して家康を祀ったのです。このとき、浅草寺の住職である別当が江戸城内の紅葉山別当を兼ねるというように徳川幕府との関係が非常に深いということでございます。今の伝法院は当時、観音院といわれています。

その当時の江戸市街地としては、江戸城の近くに平川の流れがあります。平川が日比谷に流れ込んでおりまして、神田川は一七世紀に造られた人工河川です。この後に、浅草から三ノ輪辺りの

日本堤なども造られて、洪水がなるべく江戸城近辺に来ないように川の流れも北側に変えられました。江戸市街地と浅草は違う地域でございます。元禄初期の浅草寺の古図が残っておりますけども、浅草寺への参拝は、隅田川から船で来て、東照宮のための随身門を通る東側の参道が参拝ルートでした。徐々に浅草が江戸に包含される過程で、南側の参拝ルートが形成されて仲見世もできてきます。このように古地図を見ていると浅草寺と江戸との関係というものが分かってくるわけです。

また、朱引図といいまして江戸の後半になって江戸の範囲はどこであるかというのを線引き（黒引と朱引）した図がございますが、それを現代の地図に表示したものを見ますと、文政元年（一八一八年）頃にはすでに浅草寺は江戸の中に含まれており、隅田川流域も含めて江戸という町が広がっています。

江戸の町の発展をまとめた一覧表が東京都公文書館にありましたので、それを借りますと、細かいことを省略いたしますが、大きく変化する時期は明暦三年（一六五七年）の大火です。これは江戸城も全部焼けてしまって、それ以来江戸城の天守閣は二度と再建されなかったという有名な火事でございます。その頃から江戸の町が広がっていき、その中で隅田川流域も包含することになりました。

浅草地域の歴史性

隅田川流域、つまり浅草寺周辺というのは、江戸の町よりもはるかに古い時代、古代、中世に遡って、いろいろな伝承、神話に満ちたトポスであります。さらに、浅草石浜地域なども水陸の交通の要衝です。例えば、源頼朝が平家と戦うときも、ここにたくさんの軍艇を集めて西に攻めていったということもあります。それ以前からもいろいろな歌枕や梅若伝説などもございます。ですから、この隅田川流域の意味というのは、もともと文化的な聖地、宗教空間という意味もございますし、その他に文化的な行楽地や名所という意味合いを持っているわけです。しかも、この辺りは江戸になる前から寺院が集中してきて人口が増えてきたということがあります。

つまり、江戸の都市化というものが進展していく場合、人口が増えますと定住化して、埋葬も増えます。寺町とか寺社の建設によって一般の世俗とは違う、聖地化を必要とするのです。それから、地域内の聖の地域と俗のエリアの再編と拡大が行われていくということです。さらに、江戸の人口その他が、経済的な発展によって周辺地域を商品経済によってある程度改変して、市場化して都市の再生産規模が拡大されていくということが江戸と浅草の包含関係でございます。そのときに縁起というものが重要な意味を持ってきたのではないかと思っています。

二、縁起

縁起は、都市である江戸が形成される場合に、浅草寺を含めてさまざまな寺院、あるいは神社で成立してきます。浅草寺縁起も江戸初期に成立しておりまして、江戸期を通じて浅草寺縁起の内容自体が、一般社会にもかかわら版などいろいろな媒体で解説されて一般化していくことになります。それからもう一つは、先ほども少し触れましたが江戸では頻繁に火事が起きて、浅草寺もそうですが焼けて再建を繰り返す状態でございます。こういう中で、聖地性というものを継承、再構築するということです。つまり、浅草寺というのは古くから聖なる観音様のありがたいご利益が示現する聖地であったという聖地性のストーリーがあって、伝説を継承化しさらに再構築していきます。そのためには縁起と、それからもう一つは秘仏の開帳と、この二つが江戸時代を通じて行われてきて、これと都市との形成がパラレルな状態になっているのではないかと思っております。

縁起の成立

縁起はもともと因縁生起ということですが、これは今日のメンバーの方には文字通り釈迦に説法になってしまうので省略をいたしますけれども、その縁起の言葉の用法として、寺社縁起というものが古くからありますが、特に江戸時代から発展してきています。成立の契機は、監督官庁へ提出した公文書の一部や、民間伝承に教説を合わせて再構成したもの、さらに平安末期以降の神仏習合による本地垂迹説の援用という形で、さまざまな創立由来の寺ができるということでございます。

縁起というのはお釈迦様がおっしゃっているように縁と起で因縁生起ということです。縁はもともとは全てが関係性の下でできております。公共性の領域では、他の人が了解可能な共通のルールで、倫理や職場の規則、仕事の流れがあります。神仏というのは了解不能であり、そういうものとの関係性は、トポスともなりえる聖なる地や寺院への参拝、あるいは宗教儀礼などによって「聖」との結縁を行うというものです。最近では、アニメファンの方が作品で取り上げられた場所を「聖地」といって、『君の名は』に出てくる橋へ行ったとかがありますが、そのように聖地化というのはいろいろございます。

縁についてはこの両面、公共の了解が可能なものと了解不可能なものとの関係性ということです。こういうことは末木文美士先生、その他の方がおっしゃっていますが、つまり、存在の前に関係性を考えるということでございます。

浅草寺縁起

浅草寺の縁起で主なものは室町時代の「応永縁起」、慶安年間の「慶安縁起」や「承応縁起」「寛文縁起」というような縁起が

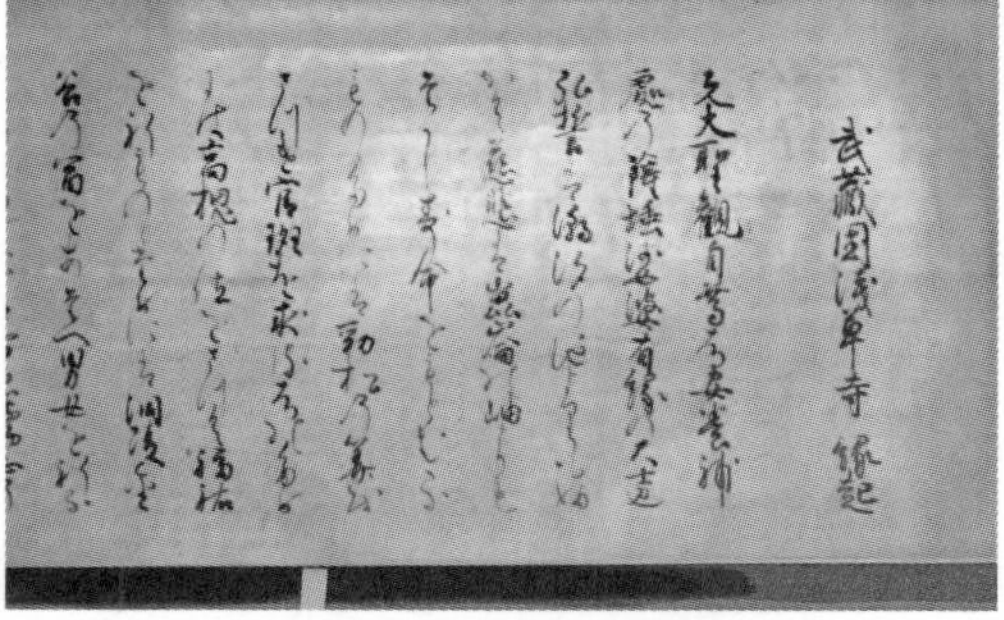

武蔵国浅草寺縁起

図③　寛文縁起　詞書

いくつかございます。室町時代に成立したものが一つありますが、他はすべて江戸の初期に次々と成立しています。これは偶然ではないのです。代表的なのは「寛文縁起」で、絵巻ですけれども言葉書きがあります（図③④⑤）。これは大変長いものですから内容を省略いたしますが、要は推古三六年（六二八年）に隅田川で檜前浜成、竹成兄弟がご本尊の観音像を感得し、土師中知が自宅を寺とし、その後大化元年（六四五年）に秘仏としたとあります。これが大体どの縁起でも出てきて江戸市民に広まります。しかも、度重なる炎上と復興、再建を繰り返します。この縁起を読んでいますと、こういうふうに火事になって燃えてというようなことが度々出てきます。

三社権現（浅草神社）の開創も権現思想が普及した頃と考えられ、三社祭の船渡御が江戸の時代の中頃に復活し『東都歳時記』の挿絵では、ある意味普遍的な現象の神仏習合が描かれています（図⑥）。

浅草寺の「慶安縁起」は慶安本堂に関わる内容です。徳川家光

図④　浅草寺の開創

推古36年（628）檜前浜成・竹成兄弟が感得

図⑤　浅草寺の開創

豪族の土師中知が私宅を寺とする

公が本堂その他を造って寄進してくださったのですけれど七年で焼けてしまい、再度、慶安二年（一六四九）に作り直してくれたのが慶安本堂です（図⑦）。そこには二代将軍秀忠、三代家光により寄進された絵馬もございまして、徳川家による保護というのがわかります。

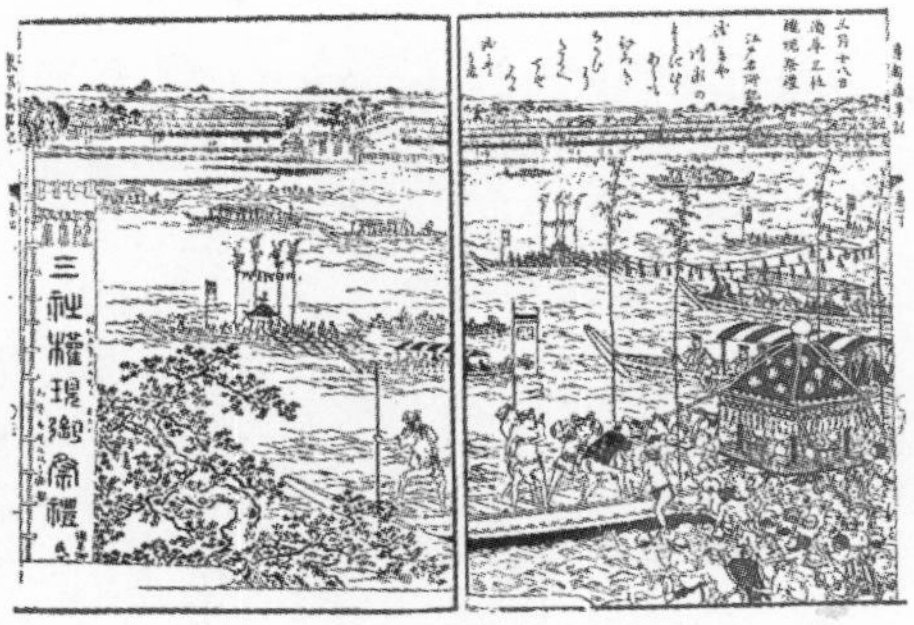

図⑥　三社祭船渡御

図⑦　慶安本堂

慶安２年（1649）、徳川家光により、本堂など諸堂が復興された

頻繁な火事による炎上と再建

江戸時代に描かれた火事絵巻というのは大変多く、浅草寺絵巻は、絵としては少々稚拙な部分もありますが、火事絵巻として最初のものではないかと考えられます。江戸の火事は極めて多くて、災害の再建がずっと課題でした。その場合もご信者さんによるお力添え、それから大檀那の寄進が不可欠です。幕府は家光公の頃は良かったのですけども、だんだん幕府財政が悪化しますから、幕府による寄進や普請といった公儀普請が困難化して、浅草寺が自前で手前普請をすることになりました。すると、自前の収入を確保しなければいけないので、開帳や興行が必要となってきます。

浅草寺の地位の変化

浅草寺の当時の地位の変化もありまして、寛永二年（一六二五年）に寛永寺が開山されて、これが江戸における徳川家の公式の菩提寺、祈願寺となります。浅草寺はそれまでの江戸初期のような徳川家との蜜月関係が薄れてくる中で、寛永八年（一六三一年）に焼失して四年後に再建されます。そして、寛永一三年（一六三六年）に浅草寺の境内にあった東照宮が江戸城の紅葉山に遷座されまして、浅草寺の別当が、江戸城、今の皇居の中にある紅葉山の徳川家康を祀った東照宮にお参りをするということがあったわけです。さらに、寛永一九年（一六四二年）浅草寺は再び焼失し、慶安二年（一六四九年）再建されることになります。このように江戸初期は浅草寺と徳川家の関係は割と密接ではあったわけですが、貞享二年（一六八五年）に浅草寺の住職、別当であった忠運僧正が解任されまして、紅葉山東照宮、将軍家の霊廟の担当は寛永寺となってしまっております。

これ以降は寛永寺の僧正が浅草寺の別当になります。元文五年（一七四〇年）からは日光輪王寺門跡すなわち天台座主と上野寛永寺の住職はお一人が兼帯して、宮様であるこの方が浅草寺の住職を兼帯しますが、浅草寺の伝法院にご本人ではなく別当代がおいでになって寛永寺の支配を受ける時代になってくるわけでございます。

浅草寺縁起の再説、伝説の一般化

このように江戸が進んできましたが、浅草寺の縁起絵巻が出版されていたわけではないので一般の人々は見たことはありませんでした。しかし、縁起の内容の再説であるいろいろな書き物（『金龍山千本桜』『浅草名霊抄』『御府内寺社備考』『読群書類従』『浅草寺志』『江戸名所図会』）がありまして、その内容は次第に知られるようになっていきました。例えば、歌舞伎の清元「三社祭」もこの頃に上演されておりますけども、檜前浜成と竹成が漁をしていて投網をしたら観音様が掛かったという縁起の内容です。浅草寺の伝説というものが常に再生産され、一般常識化されてきて、江戸市民の間ではほとんど全員が縁起の内容を知るようになります。こういう中で開帳というものも先ほど申し上げましたように、浅草寺の経営にとっては必要になってくるわけです。

三.　開帳

お秘仏のご開帳を行うと関係者も呼べますし絵馬扁額の寄進もありますので頻繁に行います。開帳目当てに大勢の方が見えますので、その時期に関連して、今度の浅草寺のご開帳には大きな絵馬扁額が奉納されたとか、どういう新しい絵馬が来たかという開帳奉納番付が出版されます。あるいは開帳案内というものも出るわけでございます。

開帳の頻繁化

開帳というのはご存じのように居開帳、出開帳があり、浅草寺の場合は基本的に居開帳ですけども、出開帳としては、例えば有名な長野の善光寺さんの場合は、浅草寺の伝法院を長期間使われて開帳をなされた記録も残っています。開帳はそのように、自分の寺で行う居開帳と出張する出開帳という分類の他に、順年、つまり五〇年目とか、観音様の場合は三三が大切なご縁の数字ですから三三年ごとの順年開帳もあります。あるいは新しい伽藍ができた時の落成開帳や、将軍や宮さまがお成りになったことを記念して寺社奉行から許される御成跡開帳、また、本堂再建や修復の時にどうしても手元不如意である場合に特別に許可を受ける助成開帳などがございます。浅草寺の開帳は、記録上は江戸時代に承応三年（一六五四年）順年開帳をはじめ助成開帳もありますが、

御成跡開帳も享保一八年（一七三三年）の将軍吉宗がお成りになった後の開帳以降、特に一八世紀頃になるとしばしば将軍が浅草寺に参詣されますから開帳がたくさんあるわけでございます。

開帳と寄進、絵馬・扁額

御開帳があると参詣客も来ますから絵馬が奉納されます。絵馬・扁額というのは、もともとは中国に由来していますが、日本では神社仏閣に書や絵を描いた絵馬や、大きな建築物の彫り額を奉納するわけです。浅草寺にもお金を出して奉納して本堂に掛けるのですが、本堂だけでは足らなくなりましたので額堂を建てて絵馬・扁額を掛けました。

例えば、天保一二年（一八四一年）落成開帳のときに琳派の大成者、酒井抱一の弟子である鈴木其一の『迦陵頻伽』が奉納されまして、現在、この五重塔院の下にある絵馬堂に保存してあります。この部屋を出た先の階段にも弘化四年（一八四七年）順年開帳で奉納された逸見一信の『橋弁慶』がございます（図⑧）。

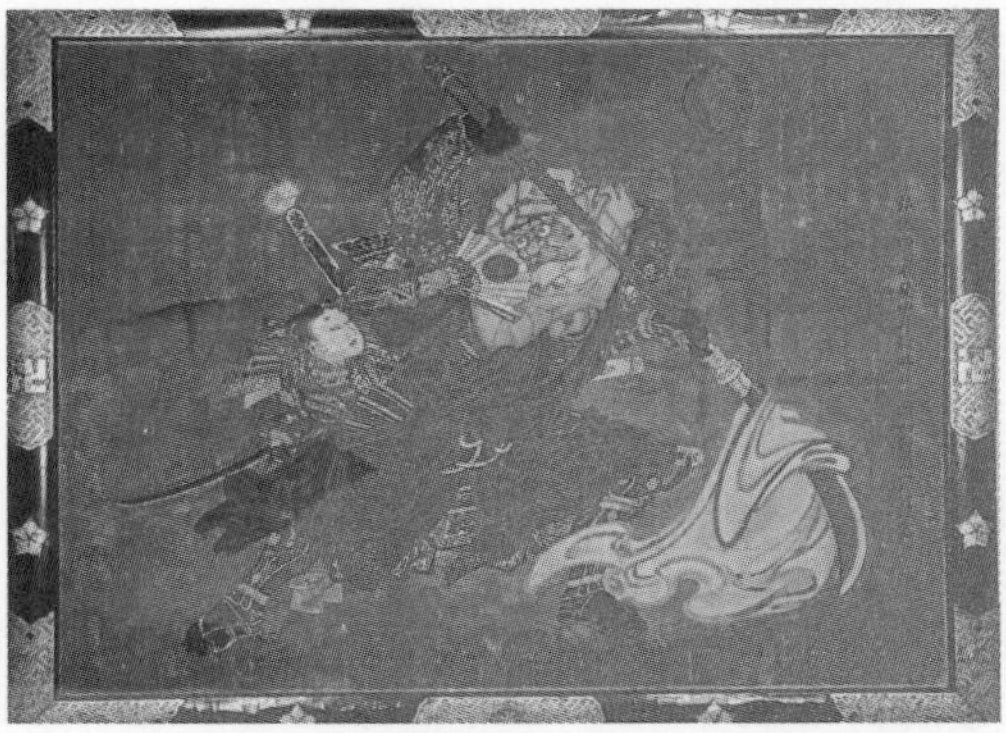

図⑧　逸見一信「橋弁慶」弘化４年（1847）開帳

開帳奉納番付・開帳案内

開帳の時に、こういう新しい絵馬を掛けましたとニュースになりますと皆さんが見に来ます。参詣客は神仏や寺宝だけではなく奉納物や見世物に対する要求も高まってきまして、江戸後期になると、どこのお寺の開帳ではどういう新しい見せ物があると書かれた「開帳奉納番付」というものが出ます。

また、「開帳案内」が出されるのですが、例えば、弘化四年（一八四七年）開帳での歌川貞秀の『金龍山浅草寺御境内之図』は、よく見ると折れ目がある折りたたみ式で鳥瞰図ですね（図⑨）。今でいうとドローンで撮影したような感じの地図です。たくさん売れるので版元が売りに出しています。大英博物館にも『隅田川長流図巻』や『江戸風物巻』というものがありますが、なぜか日本にありません。

こうした媒体を見て大勢

図⑨　歌川貞秀「金龍山浅草寺御境内之図」
（弘化４年開帳案内）

の方がいらっしゃるようになりまして、秘仏・秘宝の他に奉納物を見る行為が娯楽化していきます。そのように開帳というのは重要な意味を持っているわけです。

四．江戸時代の浅草寺

江戸時代の浅草寺について重要な点を考えてみますと、まず、経済性としては石高制で年貢米が中心であり、アジア的な都市類型であります。それから、江戸時代の宗教的な意味合い、宗教状況はどうであったかということと、浅草寺の当時の境内の状況はいかがであったかに触れてみたいと思います。

経済性

石高制は土地と農業が基盤の経済制度でございまして、特に武士の場合は知行制で都市で売るための年貢米が経済的基盤になります。都市の経済的意義は需給関係的にいうと、膨大な消費者人口としての武士がいて参勤交代もあります。また町人もいるので大きな需要があります。

都市と農村が区別される特徴は、都市の場合は、荘園領主や君候の居住地であるところに市場聚落ができます。経済的中心点としては領主による支配の経済と、一般の市場経済があります。これはヨーロッパ的な都市の分類としてウエーバーの『都市の類型学』がありますが、ある程度はアジア的な都市にも適用されます。都市の経済主体は、消費者都市であると同時に生産者都市であり、商人都市でもあります。江戸もこれら全てを持っている混合形態です。消費者としては膨大な武士がいるわけです。それから、その武士の需要を満たそうとする職人もおりますし、流通を担う商人もいます。こういう形態の多様性は、ある意味で現在の東京にも関係してくるわけでございます。

浅草寺境内の状況

その江戸時代の浅草寺は一種の荘園領主です。境内を見ると、寺内には南側に仁王門、東に随身門、西に御供所、北が御成門で、寺領地でありますから狭い範囲でいうと門に囲まれています。その外側には南に雷神門がある山内のエリアとなり、さらにその外側が領内です。領内は、要するに田畑を持ってますから、そこからの一種年貢収入らしきものがあります。

境内の奥山には楊枝屋や独楽回しだとか、山門外では海苔屋やお茶屋、神楽などもあって、雷神門外でも飴屋などがある、このようにいろいろな見せ物やお店がありました。江戸に上屋敷がある大名が、楊枝屋のきれいな女性を目当てに来ることもあったのです。

歌川広重の絵『東都名所浅草金龍山』は（図⑩）、三枚一組の浮世絵ですが、一枚二〇文程度、今の価格では四〇〇円（三枚一、二〇〇円）ぐらいで、たいへん売れていました。嘉永から文久

図⑩　歌川広重「東都名所浅草金龍山」

ぐらいにかけての絵を見ると、浅草寺の周りに土地がありまして田んぼがあるので、年貢収入というのもあります。

　また浅草寺を「神仏のデパート」とも民俗学者の方は言っていますが、当時、本堂である観音堂の中に、観音様はもちろんですが、お不動様、愛染様、お賓頭盧様などがいらっしゃいますし、本堂の周辺にも荒沢不動堂、聖天堂、熊谷稲荷とたくさんの末舎があったのですが、明治の神仏分離で大部分がなくなりました。その他に、当時三四ヶ寺あった一山寺院にも多数の神仏が祀られていたので、文字通り浅草寺に来れば、あらゆる神、仏が揃っていたのです。そのため、観音様以外でもお不動様を信仰したいとか、今日は毘沙門様にお願いをしたいとか、そのように毎日どこかで自分の目当てとする神仏にお参りができるのです。毎日何かのご縁日で、一八日はもちろん浅草寺の観音様のご縁日であるし、二八日であればお不動様のご縁日があるのです。

　縁日に浅草寺というエリアに来れば結縁ができる。宗教的な時間と空間が保証されている。これはもちろんお参りする方の基本は現世利益的な動機が基本ですから、江戸都市の場合は浅草寺を中心にして、他のところもそうですが、仏様や菩薩様に対する信仰が習慣化してきます。参拝し、宗教儀礼のお線香あげるというような、いろいろなプロトコルを行うことによって、聖なるものに触れているという意味合いもありますし、縁日は露店なども出ますから、同時に祝祭、祭りという楽しく娯楽的なエンターテインメント的な意味もあります。このように江戸時代の浅草寺境内を中心にした都市における寺院の在り方という状態だったのではないかと思っております。

万神殿の形成、Pantheonbildung

　こうしたことは、パンテオンビルドゥングといわれますけども、宗教的な行為に対して民衆がシステマチックに考えていきます。生活全般を合理化していく中で、こういうときはこういうことをしようと、目的や手段を体系的に考えます。例えば、歯が痛くなったときどうするか。歯が痛くなったときはお薬師様にお祈

りしようとか、目が悪いから妙見様にお祈りしようと、神仏のなせる技に対して類型化された要求が出てきて種別化してくるのです。神仏の明確な個性的なご利益です。言ってみれば、つまり神仏のご利益の分業です。ここまではこの仏様という境界の設定ということになります。パンテオンというのは、そのような多神教的で多面的な聖地であり、神々の多層性の中の階層性、上下関係です。分かりやすいのは曼荼羅ですけれども、パンテオンビルドゥングというのはマックス・ウエーバー的な宗教理解ですから、若干、限界があります。あの時代のヨーロッパのキリスト教圏の方には多神教に対する理解、密教の理解が少し難しいものがあります。世俗的な普通の一般人の生活体系が合理化してきます。合理的な経済の共同体の中で聖なるものと、どういう形で付き合うかという近世的な類型というものが出てくるのではないかと思っております。

御成跡開帳

それで、この中で一つポイントになりますのは御成跡開帳です。お成りがあると開帳ができるということです。織田信長による石山本願寺の攻略以降は仏法が王法に従属しております。それまでの武装勢力であった寺では刀狩りもありまして、延暦寺にしてもどこにしてもそのような寺は武力を解体されておりますので、国家の法律に融合することになります。しかし、原理的には権力と宗教の緊張関係というのは内在しており、王様とお釈迦様のどちらが偉いのか、あるいは皇帝とお釈迦様のどちらに従うべきか、アショーカ王以来こうした緊張関係があります。現実としては権力には逆らえないものがあると思いますが、近代社会でヨーロッパの場合は世俗国家になり政教分離となっています。江戸時代の場合も教科書には寺請け制度となり「家」の宗教や個人的な信仰はないとされています。

徳川家の場合は増上寺と寛永寺が「家」の宗教です。ただ、将軍が祈祷寺院としての浅草寺に個人的な動機でしばしば参詣に来ています。お成りになると浅草寺では御成跡開帳ができるわけです。開帳の場合は、普段は秘仏である御前立ちのご本尊が数日間、露出されます。普段は隠されていますので、このように秘匿と露出の二重構造によって聖性が確認されるのです。しかも、将軍も時々、江戸城下を出て浅草寺に参拝に来ます。将軍が寛永寺に墓参りへ行くのとは意味が違います。政治権力者が時々、人前に姿を見せ、それによって秘仏の本尊が露出される。ですから、日本の仏教というのはもともと奈良以来、鎮護国家的な宗教観でありましたが、個人的な動機という意味で近世的宗教の在り方とも相関関係があったのではないかということと、もう一つは露出と秘匿のプロセスに聖性の確認があるのではないかということでございます。

五．宗教と都市

最後に、宗教と都市ということです。これはあまり詳しくは触れられませんが、互酬関係について少し考えてみたいと思っております。それから、布施と功徳の関係、それと世俗化と政教分離、この中で聖と俗は現在、どのように考えられるかということでございます。

互酬関係

マルセル・モースの『贈与論』（一九二五年）では、贈与、贈り物は人間社会の全体的な社会事象として非常に大切であるとしています。贈与には福祉や寄進も潜在的に視野に入ります。贈与が社会の根幹にありまして、モースによると、貨幣経済になったために人間は経済的動物になってしまったといわれます。モースは本来は古典ヒンドゥー法の研究者であり、贈与について、物を人に与えれば良い報いがこの世であれ、あの世であれ生まれることになると考えました。

モースを発展させたのがK．ポランニーですが、基本はモースにもとづいており、社会の統合、世界の結び付きというのは、再分配、交換、互酬の三つとしています。再分配は、例えば権力の中心が課税して、その税金を社会的再分配する。財政活動として社会福祉を行うといった意味での再分配で社会全体の結び付きを考えるということです。市場経済の場合は普通の貨幣による交換をいいます。互酬は贈与、プレゼントです。プレゼントを受け取るとお返しがあります。AがBに何かをあげると、その応報でBがAにあげることになります。互酬関係によって実は社会が活性化しているというのです。これがあらゆる人間関係の基本になります。文化人類学的には結婚や寄付もある意味では互酬であるといえます。

布施と功徳

お布施、奉納というのも、世間レベルでは現世利益的な意味で除災招福ということですが、出世間レベルでいうと功徳によって業を改善する来世観念ということになります。プレゼントをするというのは、例えば、ギフトという英語がありますけれど、ギフトというのはプレゼントと同時に、もともとは「毒」という意味も持っている言葉です。ファミリーという言葉も人間以外の家財道具も含めてファミリーであるというのが英語の元の意味です。つまり、やりとりされる「物」はある種の霊を持っていて、霊によって常時返礼がなされています。霊による互酬の成就です。回向でも、代表的な回向は死者に対する回向ですが、祖先に対する儀礼もございます。また、例えば東日本大震災のときなど、通常は商品経済でお金がないと物を買えないわけですが、突然お金と無関係に、コンビニでも無料で持っていってくださいとか、ある

いはボランティアが活発に活動していくという意識が開かれるのです。通常の表層的な世界観では届かない存在についての意識の開示があると考えられるわけでございます。

世俗化

最後に明治以降の浅草寺についてということですが、神仏分離しまして、浅草寺と三社権現（浅草神社）の形になります。上地令で土地も全部、公園になりました。浅草寺の本堂周辺は一区ですが、昔は火除地だったところが六区となり歓楽街として凌雲閣や興業街ができました。ところが大正一二年（一九二三年）関東大震災になってしまいましたが、近代化、世俗化して、伝統宗教の対応としての社会事業がここで問題になります。

寺院による社会事業は、悲田院のように古代から行われているところがありますが、近代化して市民社会の価値観にもとづいて社会事業を行うようになりました。市民社会に内在するのにふさわしい、望ましい宗教団体である「宗教」概念というものを近代的に提示することになります。伝統教団は市民社会のメンバーとしての「宗教」団体となって、市民社会の中での価値観に適応した戦略を取らざるを得ません。もともと教会財産は国有化されて世俗的に転用されていますし、社会も変動していますから、弱者救済のインフラも崩壊しますので世俗化が進展してくるのです。

その中で伝統教団は社会事業を行っていきます。これらは吉田久一先生による古くからのご研究がありますし、今日お見えになっている宮城洋一郎先生、あるいは大久保秀子先生のご研究もあります。浅草寺は、幕末以降、明治初年まで財政的に窮迫していましたし、東京の人口も減っていますが、明治二〇年代からひと段落してきますので、さまざまな社会事業をささやかではございますが行えることになったのではないかと思っております。

宗教と都市、聖と俗

宗教と都市は共同体的な行為であるといえます。つまり、現代社会では民主主義的な機構が支配の正当性を保つときには何らかの聖なるものとの触れ合いがないといけない。江戸時代は浅草寺というのは聖と俗の結節点であって、一種の共同体の統括シンボル的な意味を持っていました。現在の浅草寺には日本各地のみならず世界各国からの観光客も訪れ、観光と信仰の境目が曖昧化していますが、聖なるものへの希求があるといえます。

現代の市民社会では、世俗国家で政教分離といっておりますが、実際は政教分離というのは言葉だけの問題で、全ての国家は、ある種宗教性を持たないと共同体にならないところがあります。例えば、政教分離していても国のために死んだ人に対して無名戦士の墓があり、そういうものが必ず必要になってくるという意味で、皆さんのつながりというのが必要になってきます。

特に福祉の場合は再分配機能もありますが、互酬・共業的要素

もございますので、社会関係においてはどうしてもみんな連なっています。縁起ということもありますが、不平等ですけども、しかし、その中で自由・平等・人権という市民社会の理念を利用して活動することもあります。また、宗教という概念も利用可能な資源理念として、社会貢献とか利他主義というものが社会全体の中で聖性に触れるチャンスをもたらします。「自分の命を大切にするのは他人を助けるためである」というのは東日本大震災の被災者の方の言葉ですけれども、福祉というのは互酬的要素もございます。

　それから、今のような社会では公共的な場の公共圏で宗教団体が社会参加します。ですから「聖」と「俗」を分けるというより、「聖」「俗」が初めからお互いに融合しているのではないかというのが、現代の視覚として必要ではないでしょうか。なぜならば、宗教というのも社会的な共同体行為であるし、都市生活というもの自体も共同体的な行為であって、その中で公共圏という共同体と宗教の共同体性というものが、実は隔離というか明確に分離できないのではないかと考えているわけでございます。

　やや駆け足になりまして、まとまりませんが私の今日のお話を終わらせていただきます。若干、時間が超過したことをお詫び申し上げます。ご清聴どうもありがとうございました。

「寺院による福祉活動
～浅草寺を中心にして～」

シンポジスト　浦和大学副学長　大久保秀子
大正大学心理社会学部長　伊藤　直文
大正大学名誉教授　石川　到覚
指定討論者　了源寺・ファミリーハウスぞうさんのおうち　森下　智子
光照院・ひとさじの会（社会慈業委員会）　吉水　岳彦
コメンテーター　淑徳大学名誉教授　長谷川匡俊
コーディネーター　種智院大学特任教授　宮城洋一郎

◆宮城

失礼いたします。本日の開催テーマに基づくシンポジウムを始めさせていただきたいと思います。私、コーディネーターを務めさせていただく宮城と申します。どうぞよろしくお願いします。何分、不慣れですので、十分な役は果たすことができませんが、よろしくお願いしたいと思います。シンポジウムの先生がたの略歴等々については要旨集の八ページ、九ページに載っておりますので、そちらのほうをご確認ください。なお、このシンポジウムでは、一応シンポジストの先生がたには一五分間、指定発言者の先生およびコメンテーターの先生にはおよそ一〇分程度の持ち時間で、ご発言、ご発題をいただくという形で進めさせていただきます。その上で、フロアからのご質問、ご意見等があれば、承りたいと思いますが、最終の時間が一六時からの総会ということが決まっておりますので、その少し前には終わっておかないといけませんので、時間の厳守については皆さんのご協力をたまわりたいと思います。

それではまず、本シンポジウムのねらいについて、司会者から述べさせて頂きます。

本シンポジウムは、観音信仰に支えられてきた歴史を有し、一大観光拠点として多数の参詣者を集める浅草寺が担った福祉事業を捉え返して、その役割と意義を明らかにしていくことを目的に設定致しました。あわせて、このシンポジウムでは、地域社会の寺院としてさまざまなニーズに応える活動を推進してきた二つの寺院の実践者からの発言を頂くこととしています。

浅草寺の福祉事業については、同寺院が担った実践の歴史的意義を検証し、福祉会館の相談事業、地域貢献活動を振り返ることで、次世代につながるところを展望していくこととします。浅草寺という著名寺院である故に模索しつづけてきた諸課題を、当事者として関わってきたところとあわせて述べていただきます。

二つの寺院の実践者からの発題では、地域との協働の実践であることにより、いくつもの試行錯誤を経てたどり着いたところを確認して、利用者→ボランティア→地域住民等を結ぶその先に、一寺院としてできる社会貢献とは何かを考えていくこととしたいと思います。

これらの発題を通じて、多様な形態を持つ寺院がどのようにしてひとつの実践を選択できたのか、その実践を通じて福祉活動へと導かれていく過程を、本大会に参加された皆様と共有していくこととしたいと考えています。

このような趣旨をふまえて、進行して参ります。どうか、よろしくお願いします。

最初は、大久保秀子先生から、「〝浅草寺社会事業〟の特質に関する考察〜地域社会に根差した近代社会事業として〜」という題でご発題いただきます。先生よろしくお願いします。

◆大久保

皆さま、こんにちは。大久保秀子と申します。本日、このような高い所からお話をさせていただくのは大変、恐縮でございます。ただいまの壬生先生のお話に比べ、ぐっとレベルが下がってしまいますが、「戦前期の浅草寺社会事業」についての報告を中心にさせていただきたいと思います。どうぞよろしくお願いいたします。

要旨集に簡単なまとめがあります。また、本日追加として配布資料がございます。時間の関係もあり、浅草寺の社会事業についての詳しいご説明は省きますので、補足として配布資料もご覧いただければと思います。

壬生先生のお話を伺いながら、私が浅草寺社会事業の魅力というものにどんどん引き込まれていった理由を再認識いたしました。浅草寺さんの持っている特質を私は「広場機能」と呼んでいます。「子どもも大人も、老いも若きも、大名も庶民も」というように、多様な人々が集まる浅草寺さんは「広場」だと考えてお

ります。
広場には多様な文化がクロスすることによって、尽きせぬエネルギーが発せられ、そこに新たな文化が創造されるという機能があります。いろいろな人々とその背景の文化が混ざり合いながら、非常に抽象的な言い方なのですけれども、その混ざり合った中から、一つの、いわば文化として、この地域社会を維持し、より良いものにしていくことに寄与する各種の「社会事業」が生まれ、そして今日に至るまで、それぞれの時代の要請にこたえ、形を変えながら事業が残り継続されているというふうに考えることができると思います。浅草寺社会事業は、寺院が地域社会に根差し、地域社会と共に互いに発展し続けていくために不可欠な結節点になっていると言い換えることができます。

実は私が『浅草寺社会事業の歴史的展開』という著書を出してから、もう一〇年以上たってしまいまして、その間、本当に研究らしい研究を発展させてこなかったために、今申し上げた私の研究のエッセンスのようなものは多くの課題を残しながら、そのままコケが生えたかという状況になってしまい、お恥ずかしいのですけれど、「浅草寺社会事業」というものの魅力を、皆さまにお伝えできればと思います。

要旨集の中に大体まとめましたが、ちょうど二二年前の日本仏教社会福祉学会の研究大会が浅草寺さんで開催された際、まだ資料も集め始めたばかりの状態で報告させていただきました。当時、壬生先生のお考えで、石川到覚先生が委員長として「浅草寺福祉会館将来構想委員会」の活動を始めていました。戦前期に浅草寺が社会事業を熱心にしていたが実情がよくわからなかったため、将来に向けて会館の事業を発展させるためには戦前期の事業を検証する必要があるということになり、その作業の一員に私も加わらせていただくご縁をいただきました。

そこから次第に深みにはまったというか、資料を探しては読み、読んではまた探しということを、こつこつとやってきた結果、特色ある壮大な社会事業が展開されていたということを私なりにつかみまして、研究を継続してまいりました。

この研究でどうしても伝えたかったことは、「地域社会に根差した社会事業」であるという、浅草寺社会事業の独自性です。つまり、地域社会、浅草という地域でなければならない必然性、そこに立ち現れている聖地性のある浅草寺さんでなければ成り立っていない、言い換えれば地域と切り離しては考えられないということが重要です。先ほどお寺さんの縁起の話もありましたけれども、縁起によって与えられている聖地性に気づく必要があります。

浅草寺社会事業の概要についてご説明します。「図1」は福祉会館で作成しておられる資料集に掲載されたもので、戦前からの流れがよくわかります。「図2」は年表です。浅草寺社会事業を知るために一番大事な資料は、下段の「刊行物」の欄で★が三つ付いている資料です。一つ目が一九二四年一一月の『浅草寺社会事業

概要』、二つ目が一九二八年一二月の『浅草寺社会事業年報』、それから三つ目が一九三八年二月の『浅草寺の社会事業』です。

写真　慶安本堂
『浅草寺の社会事業』(1938年)掲載

これらは社会事業の状況を概括的にまとめたものです。そして、『浅草寺時報』というのが一九二七年三月から一〇年にわたり八六号まで出されていまして、浅草寺が取り組んだ社会事業の事業に関するさまざまな記事が載っています。このうち、壬生先生のお話の中にありました「慶安本堂」として親しまれていたご本堂の写真は、『浅草寺の社会事業』（一九三八年）の表紙に使われたものです。ご本堂は戦災で焼失してしまいましたが、その面影を残す貴重なお写真だと伺っております。

　浅草寺社会事業の時期区分ですが、私は「成立期」と「展開期」、「縮小期」という三期に分けて考えました。年表でご確認ください。

　もともと浅草寺の境内には、具合が悪くなってしまった人のための救護所があったのですが、明治の大水害（関東大水害）が起きて、道路にボートを出すような状態となった際、信徒代表の高木益太郎という方が多額の寄付や医療スタッフの手配をなさっ

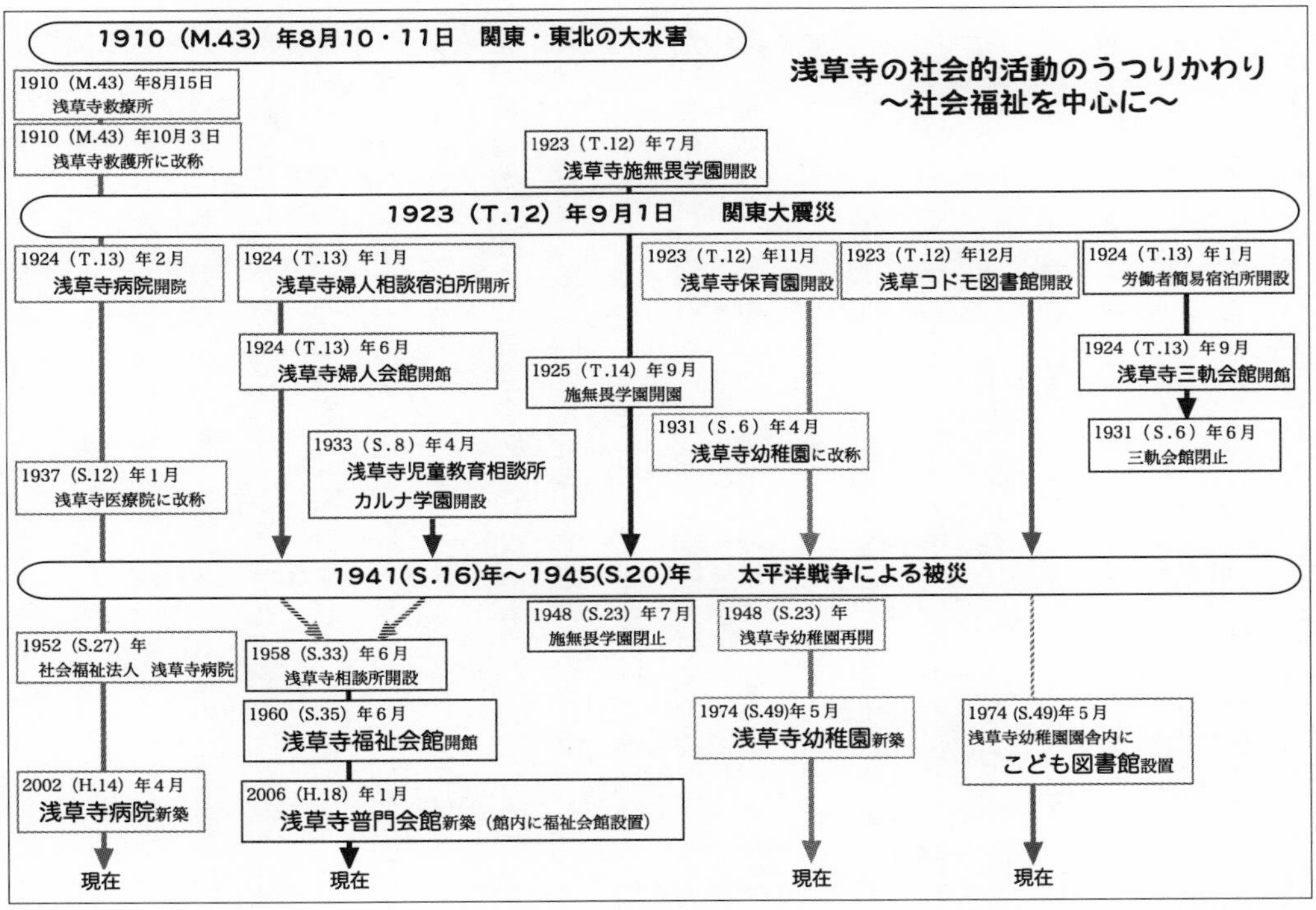

図1

（出典『浅草寺福祉会館五十周年』浅草寺　発行2010年、p.58

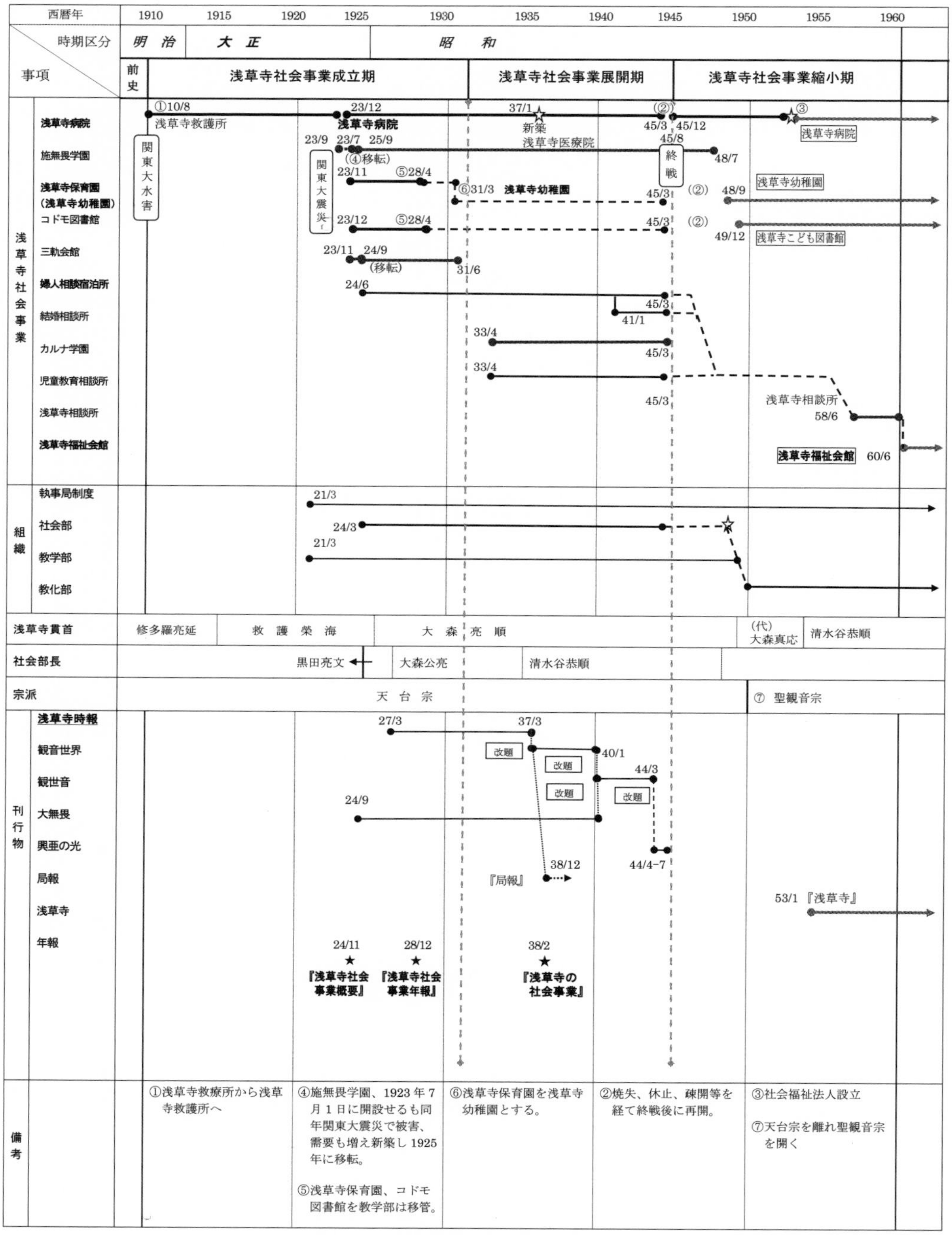

図２　「浅草寺社会事業」の概要

大久保秀子『「浅草寺社会事業」の歴史的展開』（ドメス出版2008年、pp.240-241）

て、被災者のための浅草寺救護所ができました。それが今日の浅草寺病院にずっと続く、長い歴史の始まりです。大正期、今度は関東大震災が起こりました。その後、浅草は被災地として非常に大きな被害を受け、災害救助、復興に関し、浅草寺さんとその信徒の方々による非常に熱心な取り組みが行われています。

震災の直後から、応急的な救済事業が始まり、それを通じて数多くの社会事業へと拡大しまして、現在まで続く浅草寺病院と浅草寺幼稚園、それからあとは婦人会館（現在の浅草寺福祉会館）という、浅草寺社会事業へとつながっていきます。

戦前直前までは、施無畏学園とカルナ学園という、知的障害のお子さんの施設も調布に建てて経営されていたのですが、戦争の激化の影響で閉鎖され、戦後は再開されませんでした。お子さんたちは滝乃川学園に移されたままになりました。

現在、浅草寺福祉会館で実施している相談事業とはどのような歴史だろうかと考えてみると、婦人会館の実践から始まる「婦人相談宿泊所」がルーツだということが言えます。この事業で行われた相談事業を「ソーシャルワーク」と呼んでも差し支えないだろうと考えております。

「浅草寺社会事業」の地域性と実践の特質を、婦人相談宿泊所の実践に着目してまとめると四点の特質を挙げることができます。

第一は、発足のきっかけになっているのが、浅草寺さんの主催した「婦人修養会」であったことです。ここでは七五〇人からの女性が勉強し、それを通じて、参加者の中に社会にその成果を生かしたいという機運が高まり、さまざまな活動を始めていた矢先、震災が起こった、そこで非常に熱心な活動を展開したのでした。

第二に、婦人会館の活動の背景には浅草、さらに上野という地の地域性があります。資料のままの言葉でご紹介しますが、「誘惑されて不幸になることを防ぐための保護を目的とする」「上野で放浪する第一夜を危機にさらさないために宿泊保護をする」というふうに活動の目的を謳っています。婦人会館の活動を中心的に担った生田八栗という女性が中心となって、宿泊できる建物を建てて宿泊保護をし、交通費を渡して地元に帰らせたり、仕事を探す手伝いをしたりとか、というようなソーシャルワークを展開していくわけです。

ケースワークの手法を使いながら行って相談者への対応を行ってきた事例を簡単にご紹介します。

妊娠中の二三歳の女性の事例では、宿泊所で保護し、仕事をしながら出産に備え、養育院で入院、出産、子ども連れで住み込める仕事を紹介したが、三か月目で子どもが亡くなった、その際、助葬会を紹介して子どもを弔い、次の「奉公先」を紹介したところ、婦人病にり患、方面委員との相談により病院受療に結び付け、治癒して働くが再発し退職、浅草寺病院で受療、治癒し再度別の奉公先を紹介して働き始める。実に一年六カ月にわたる、こ

の女性の生活の変化に対応する関わりのなかで、必要あるごとに会館に宿泊させて次の生活のめどを立て直していくという支援を繰り返しています。必要に応じて養育院であるとか助葬会、病院など社会資源に結び付け、自立できるよう「奉公先」を紹介するなど、非常に丁寧な対応が行われています。

第三に、浅草の地で先駆的な活動した、こうしたボランタリーな女性たちの非常に質の高い仕事をしていたということがわかります。あたかもイギリス、C.O.S.のような女性の活躍が日本にも展開されたことは注目されます。

第四に、この実践には自立支援、人間尊重の理念が横たわっており、文化性の高さがみられることです。「生活の自主性」の尊重という点では、たとえば、夜遅くまで働いている人もいるので起床時間は決めずに、起きられる時間を個別的に認めていました。また、「ひなまつり」に雛飾りを飾っていたところ、宿泊していた高齢女性が涙をこぼして自分の子どもの頃の話をぽつりぽつりとし始めたという事例が浅草寺時報に紹介されています。また、丸いテーブルにきれいなテーブルクロスを掛けて、相談に来た人を迎え入れてお話をする写真も残っています。他の機関から見学に訪れた研修生の感想の中に、「困っている人を良く来ましたねと招き入れ、どこから来たかわからない人にスリッパを出して応対するというおもてなしによって気持ちを和らげる姿に感動した」という一文があります。

「休息ともてなしと自由の尊重、これを理念にする」という考え方は、当時としては、極めて先進的で現代においても福祉に携わる者が心得るべき理想と言えます。「身寄りなき婦人」に落ち着いた相談を無料で行うとともに、宿泊については一泊三〇銭、食事については一日四銭として、なるべく仕事に就いて自立できるようにしながら、無理な場合は地元を聞いて列車に乗せて地元に帰らせる、実際に帰ったかどうかまでは分からないとも感じながら、ケースごとに対応をきちんと考えて対応しています。

こうした相談支援の実際が、現在の浅草寺福祉会館の活動の源流になっているわけです。

地域社会に根差した活動について、まとめに入らせていただきます。浅草寺社会事業に大きく貢献をなさった浅草寺病院の院長、大森公亮先生の言葉の中に「浅草の地はミステリーとラビリンスだ」という表現があります。「ラビリンス」という言葉は、最初に私が申しあげた、多様な人々の集まり、文化のクロスする場所の特質に通じています。

それから大変に重要なのは「pray and play」という表現です。これはカナダの研究者の書いた『Prayer and play』という本の題名です。内容は浅草寺史談抄などの資料に沿って徳川以来の浅草寺の特徴が書かれていますが、そこで興味深いのが「pray and play」でして、この浅草という地域の特色をよく表しています。つまり、西洋では教会に行くと、人は皆、厳かな面持ちで心を静

めて帰っていくのに、浅草寺はそうではなく、お参りが終わると皆、明るい顔で安心したように楽しそうに帰っていく、これに驚いた、ということが書かれています。祈りの場であるのだけれども、祈った後には何か解放されて気分良くなり、寺院周辺に広がる遊びの場にいざなわれ、たくさんの人々が賑やかに明るく出会っていくという特色が記されています。

これを読んだときに、まさに「ラビリンス」の中には、困り事を抱えている人もいれば、時には地域社会の安寧を脅かす人もいるかもしれない、しかし、それらをすべて、このお寺さんが、もう少し言えば観音様が手を広げて受け止めてくれる、そして、都市の秩序の維持にとって必要な役割を担いながら、地域社会の拠点として、その中心に存在するというお寺さんのありようを知ることができます。

こうした歴史性というものが、地域に根差す社会事業の一つの背景になっているだろうというふうに言えるのではないかと思います。

現代において、地域に根差した社会福祉の要素を、思い切って二つに集約させていただくとすれば、一つは地域社会において確固たる安心感、信頼感、精神的な一体感を提供する「聖なる場」つまり聖地性が重要です。それを提供するのがお寺さんとは限らないわけですが、現代の社会福祉に問われる非常に大きな課題、すなわち、福祉実践における祈りの内在化という課題がそこに示されていると考えています。浅草寺さんの持つ「聖地性」は地域で社会事業を展開し続けた要因の一つだと考えています。

それから、もう一つは先ほど聖と俗という話がありましたけれども、「俗」のほうの特色に目を向けなくてはなりません。大人から子どもまで、それから大名から庶民まで、それから支配と被支配、など対照的な人々、多様な人々が集い、祈りという共通点から出発し、祈りの後には、それぞれがそれぞれに楽しみ、きわめて個別的に重要な意味を持った場として成立しているという特色があります。それがとりもなおさず、地域経済にも重要な役割を果たし、地域の生活と文化を支えているという構図を見出すことができます。

たとえば、昭和五年当時の地域産業は、『台東区史』によれば、①歴史的伝統に成り立つ分野として鼻緒や草履、②本区の社会的特殊性である神仏や呉服、③浅草橋まで連なるエリアの皮革産業、そして、④洋風生活にかかわる洋傘とか帽子、この四つの分野が挙げられていますが、さらに、他区から移動してきたお菓子、履物、近代社会の要求に応える浅草松屋の成功、東武鉄道の乗り入れにより、多種多様な人々が各人の目的をもって集まる場として浅草が発展し、相乗効果で産業も発展し、全体として一体感のある、一つの都市としての「浅草」という地が成立をしている、ということができるように思います。もちろん、ご開帳は周辺のあらゆる産業への経済浮揚効果を有して地域の経済拠点とし

ての役割を担います。

浅草という地域が浅草寺さんの広場機能を中心に成り立つ都市であるというようなことについて、だいぶ以前になりますが、社会事業史学会で報告した際、岡田英巳子先生から、中世ヨーロッパの都市と非常によく似ていて、日本にこうした文化があることは興味深いというコメントをいただいたことがございました。そのご指摘で目が覚めたというか、自分の中ですっきりした部分ありました。

少し急いで付け加えさせていただきますが、社会事業史へのアプローチには、施設という枠組みの中での歴史研究が多いと思いますが、発掘の難しい、地域における相談事業の展開の研究は、社会事業史研究において不可欠な要素であろうと考えております。浅草寺さんは多くの資料を残しておられますが、歴史が長いだけに建て替えや戦災等々で、重要な資料が残っていない場合もありました。施設や地域実践において、今後、非常に貴重な資料が廃棄されてしまうことが無いようにし、さまざまな方法で保存することも大事だと思っております。

時間配分がよろしくなくて申し訳ありません。報告を終わらせていただきたいと思います。ありがとうございました。

◆宮城

それでは続きまして、伊藤直文先生に「浅草寺福祉会館の相談事業」と題して、ご発題いただきます。先生、お願いします。

◆伊藤

大正大学の伊藤でございます。よろしくお願いいたします。このような場にお招きいただいてお話する機会を与えていただきありがとうございます。座って話させていただきます。私は臨床心理学が専門で、いわゆるカウンセリングとか、そういうことをずっとやってきております。私が仕事をしてきたのは、病院の精神科や家庭裁判所にも一六年ぐらいいました。今は大学に併設しているカウンセリング研究所で心理相談業務を担ってきております。ですので私は、そういった面接とか相談のさまざまな経験をしてきて、それを研究のテーマにし、経験の中心にしている人間です。そんな立場から、この相談事業という、特に寺院を背景に持った浅草寺の相談事業というものをどう位置付けるかというお話をしたいと思っています。また同時に、この相談というのは誰でもできるわけですね。いろいろな場でいろいろな方が相談を受けるということは可能だし、余裕ができて何か人のお役に立ちたいなと思うと相談窓口を開いてみようかということもあり得るわけですけれども、ただ相談というのは、その場とか、置かれている人々、場所と、それから、その方の個性によるんですね。さまざまなことによって、例えば受けていい内容と駄目な内容とか、あるいは受けると危険な内容といったことがありますので、その

辺りを少し整理して、浅草寺の相談事業というものの位置付けができたらいいかなと思っております。

申し遅れましたが、私は、浅草寺の相談事業そのものをやっているのではなくて、相談に当たっている方のスーパーバイザーということで、折々にこちらにお邪魔して、その間にあった相談の概要といいましょうか、こういう相談が何件ぐらいあって、そこでこういう方にはどのように対応したらいいのか困っているとか、今後もし、またおいでになった場合にはどう対応したらいいだろうかとか、そういうご相談に乗っているという立場です。ですから今、前置きで申しましたことからすると、例えば、この方については話をこちらに発展させてしまうと少し危ないかもしれない。危ないという言い方は失礼かもしれませんけども、袋小路にはまってしまうかもしれない。こういう方のお話はむしろこんな風にお話をふくらませるとその方にとって救いになったり、あるいは展望が見えてきたりということがあるかもしれないというようなことをお話ししています。あるいは中には、これは医療につなげたほうがいいとかですね、そしてまた、医療につなげると言っても、紹介すればぱっとつながるわけではありませんから、つないでいくためにはどういう段取りを踏んだらいいかとか、そんなようなことをご相談に乗るというようなのが私の仕事ということです。

ですから、相談事業の具体的な、例えば件数だとか内容だとかは他に資料も出てございますので、その辺りに興味のある方はそちらをご参照いただければと思います。私は、今日お配りしているＡ三の見開きの図の入った資料ですね。これに沿ってざっとお話をさせていただこうと思っております。今、申しましたように浅草寺の福祉会館は相談事業をやっておりまして、窓口や電話でも相談を受けるということがありますし、また、別枠で法律相談なども弁護士さんによって開かれているわけですが、「困りごと相談」というのが、ひとつの大切な枠になっていて、現在は週二日開いております。

この「困りごと相談」の特徴についてお話します。私共臨床心理の者は面接の枠組みのようなことをとても重要に考えるので、こういう細かいことを申し上げるのですが、まず一番目にこれは浅草寺さんの後ろ盾があって無料であるということ。それから二番目に申込制で時間が確保されていること。申し込んで予約しておくと、この時間はあなたの時間ですよということが確保される。これは結構大切なことです。でも逆にお見えになる方からすると、その時間は約束しているから適当に行くわけにはいかない。そして、ある程度は心の準備をしてその場に向き合わなければいけないという、そういう一面があります。三番目に面接時間も決まっております。六〇分を基本とすることになってますので、だらだらと話をするのではなくてこれだけの話をしっかりしてこようということで、それなりの心構えをしておいでになられ

るということがあります。

もう一つ特徴的なのが、繰り返しおいでになられる方もおられるわけですけれども、必ずしも同じ相談員が面接するとは限らないということになっていて、これはずっと継続してなじんでいって話が深まっていくとか、そういうことをあまり考えていない。たまたま同じになることもあるわけですけれども、原則は決めていない。そうなると、これは私共のようなカウンセリングとか心理療法というような立場からすると、かなり緩い枠組みですね。面接時間が決まっているとか予約制でやる辺りは中くらいで、少しだけ敷居が高いですけれども、でも、かなり枠組みとしては緩いもので、しかし先ほど言いましたように心の準備は必要という、そういう場所です。そして、面接の継続性は予定していないというものです。

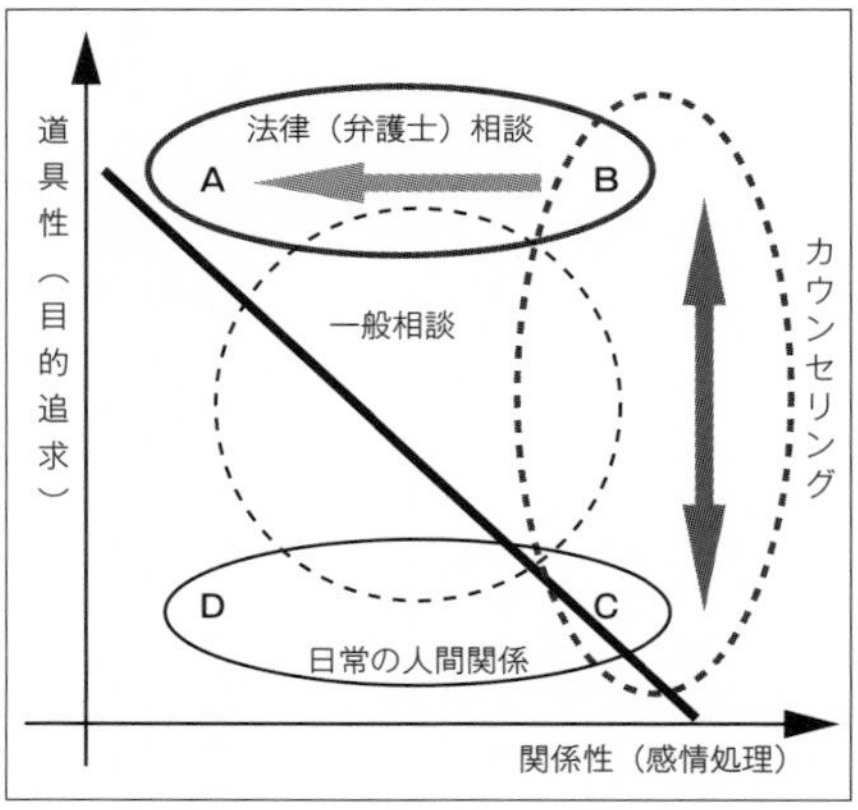

図　相談動機から見た様々な相談面接の位置づけ（伊藤）

次のレジメに妙な図が描いてございます。これは、弁護士さんとの共同研究で、法律相談というものをどう位置付けるかというようなことを検討していたことがあって、そのときに書いた原稿の一部です。相談というときに人は一般にどんな動機から相談をしたいと考えるだろうかという辺りから、少し相談というものを整理してみようと考えたものです。

ここでは大きく三つに分けて考えています。一番目には、とにかく話を聞いてほしいんだ、気持ちを分かち合ってもらって聞いてほしいんだという、こういうものがあります。図のCの辺りの動機です。誰かに話を聞いてほしい。これは確かに人間にはありますね。二番目には知りたいとか、教えてほしい、何かに分からなくなってしまって、専門家に知識を教えてもらいたいというものです。自分だけでは分からない情報を得たいという、こういうこともあります。これがAの辺りです。それから、三番目はもう少し深くて、変えたいんだ、変わりたいんだということですね。事態を変えたいということもあるし、自分自身を変えたい、中には生き方を変えたい、性格を変えたいという方もおられます。これは、図ではBの辺りということになります。このように三つに大ざっぱに分けますと、この図に描いてございますように、これは縦横に軸に取っていまして、縦軸が道具性と言っていますが目的追求的な動機です。はっきりした目的があるということで上に行くほど目的性が高くなる。それから横軸は関係性といいましょうか、感情を処理したい、しゃべりたい、気持ちを吐き出したいとか、そういうものです。右に行くほどその傾向が高くなるというものです。

そのように考えますと、一番下の平たい楕円は日常の人間関係の周りにあるものです。私共、日常の人間関係というのはあまり目的性は持っていないですね。日常の生活の中であまり理屈をこねたり講釈を言うと嫌われますね。知ったかぶりしたりしても嫌われてしまう。だけれども、今日こんなことあったんだよっていうことをとにかく聞いてほしかったりする中で、私たちは自分の気持ちの安定を保つことができているわけです。

少し話が前後しますが、先ほど縦軸の道具性と横軸の関係性ということを言いましたけれども、相談をしたいというときには、この両方の軸の合計点といいましょうか、掛け算といいましょうか、これがある程度、強くならないとわざわざ人に相談に行ったりはしないわけですね。そういう意味で斜めに線が引いてございますけれど、この線を越えると相談に行くという行為が起きるというふうに考えているわけです。先ほど、日常の人間関係については申しましたが、これらのような位置だと、基本はどこかに相談に行ったりしないわけです。法律相談なんかですと、これは目的性が非常に高いわけですね。とにかく知りたいということになるのでずっと上のほうに行きます。ただ大抵は、もう憎いんだ、訴えてやりたいんだ、といった感情が含まれていることが多くて、この図でいうとＢの辺りの方が来ることが普通にあります。結構、気持ちを分かってほしい、立場も分かってほしいという動機があるのですが、法律相談としてはだんだんそういったものをＡの地点のほうに近づけていって、冷静、客観的、実際的にこうしましょうというように収れんさせていくということが大切なわけですね。

それに対して、カウンセリングはどうかというと、長くお付き合いをしてポイントを突いたお話を続けていくうちに、これは一対一の関係というものがそれなりに深まります。今までの誰よりもたくさん話をし、誰よりも立ち入った話をした、誰にも言わなかった話を聞いてもらった、というような中で深い人間関係というものもできますけれども、でも二人は仲良くなればいいというものではなくて、それをもとにして目的性がございますから、その方自身が生き方を考えたり、抱えている問題が改善するということがなければいけないので、ここを意識しながら最終的には目的を遂げていくという、そういう面があるということになります。ＢとＣの間をカウンセリング関係に守られながら行き来するうちにご自分で方向を見いだして行かれるというのが理想です。

この法律相談とカウンセリングは、いわば二つの対照的で典型的な専門的な相談ということになるわけです。それに対して、真ん中に大きく、丸く「一般相談」と書いてございます。これがいわば、福祉会館等が担っている一般相談というものというように考えられます。ですから、いわゆる両方の極に専門化する以前のところで、溢れ出る思いを聞いてほしいとか、誰か親身になってほしい、あるいは分からなくて不安だという気持ちを持って相談

に見えられたときにそれを受け止めて、必要に応じて例えば弁護士さんに引き継いだり、カウンセリングや医療の方につなげていくとか、こういうことができなければいけないのが一般相談でして、これは実は非常に大切な役割を持っていると考えられます。ただ、とっても怖いのは、こういった位置付けというものをきちっと自覚していないで抱え込みすぎて、本来、例えばカウンセリングにつなげるべきケースとか、法的な専門家に解決してもらわなければいけないケースを抱え込んでしまうというようなことがあると、とても危険だということを示すためにこういう図を作ったわけです。もう時間が少なくなってきたので急ぎます。

そのようなわけで、①の「とにかく話を聞いて欲しい、わかって欲しい」という動機であれば、話をきちんと受け止めて気持ちを分かち合う力というものが大事であるし、②の「知りたい、教えて欲しい」の場合には情報を整理して、相談者の知りたいことを正確に把握する力というものが求められます。③の「変えたい、変わりたい」という動機に関わるような場合には専門化した所につないでいく、そうした窓口につなげる力が求められるであろうということです。こちらの浅草寺福祉会館の相談事業は、このような大切な役割を立派に果たしておられると考えています。

レジメの五のほうに入りますけども、私はこういう間接的な形で福祉会館の相談事業にずっと関わっておりまして、大きな特徴があるなと思いますのは、一つは来談の経路として、これは以前に確か統計を取っていたのですが、浅草寺の中にある看板を見たとか、それから広報誌を見た、あるいは職員さんに言われたとか、あと写経の会に参加しておられて、そこからおいでになられたというような形で、浅草寺とのご縁があって相談に見えられる方が非常に多いということです。相談窓口の背景にある浅草寺というものが存在する。バックに浅草寺というものがあって、そこにご縁を持っておいでになられている方が多い。そもそも浅草寺というものが「心の拠り所」としてあって、先ほどの聖地性というお話がありましたけれど、そういうものがあっておいでになられるということはとても大きいなと思います。ですから、さまざまな問題を抱えておいでになられる方たちだけれども、私は他の場でもたくさん相談を受けていますが、こちらにおいでになられる方はどこかで何かを信じたいとか、拠り所を求めたりとか、何かそういった人を信じる、善なるものを心の底に秘めておられる方が多いと思っています。それはとても、お話伺っていて、ある意味、救いになることのように思っております。

最後に一言ですが、私共、カウンセリングとか、こういった仕事をしておりますと、実はきちっとお話を聞ける「場」をつくるということに、ものすごく苦労するんですね。ちゃんと向き合って、ちゃんとお話が伺える場をつくることができたら、もう八割がた仕事はうまくいくという、あとは二人の中で大切にお話を伺っていけば、ご自分で答えを見つけていくことが多いと思いま

す。そういう点でこのお寺を背景に持っていて、浅草寺の中に「場」があるということは、いわば、それ自体が相談する方や相談を受ける側にとって「守り」になっていると言いましょうか、大切な枠組みとして存在するので、とても安定して、安心した形で相談の場がつくられていると思っています。これは私共のように、自前の場所を誂えてするような場合と随分、違うと感じておりますので、その辺りを大切に評価して、今後また、やっていっていただけるといいなと期待しております。一分ぐらいオーバーしてしまいました。ありがとうございました。

◆宮城

ありがとうございます。少し端折っていただいて、本当に恐縮です。それでは、三番目に石川到覚先生に「浅草寺福祉会館における地域福祉実践の展開と課題」という題目でご発題いただきます。よろしくお願いします。

◆石川

ただいまご紹介いただきました石川と申します。浅草寺さんとは一九九一年から二八年ほど通っておりまして、ご一緒にいろいろ考えてまいりました。その内容をお話させていただきたいと思います。先ほどコーディネーターの宮城先生からご紹介いただきました要旨集の九ページからシンポジュウム要旨が載っておりますので、ご覧いただければと思います。皆さんは今日渡されたので、一三ページの内容をお読みできませんね。私の「浅草寺福祉会館における地域福祉実践の展開と課題」という話題には、「はじめに」、「一」、「二」、「まとめ」の四つの柱にしています。

まず「はじめに」で申し上げたいのは、基調講演において壬生先生がお話された浅草という地域、あるいは浅草寺という「場」は文化人類学的にいえば、いろいろ意味づけられるのかもしれません。いろんな要素を持った結節点であったという所、または大久保先生が江戸末期から明治期を中心にして昭和戦前期までのお話にもございました。大東京の浅草という所、この地域自体を「広場」といったらいいんでしょうか、広場機能を持っているのでしょうけれども、この浅草地域の特性としては、下町のいろんなことが楽しめる所、観音様の聖地というような意味合いでのランドマークのような性格を持っております。色々なことが生み出せる要素を持っているのではないか。こう思っておりまして浅草寺福祉会館（以下、福祉会館）に関わってまいりました。

次に「一．福祉会館の歩み」では、大久保先生がお話されたように、福祉会館は戦前の「婦人会館」の取り組み、特に浅草地域の女性たちが大変に虐げられた状況、または商工業者にしましても、さまざまな所でご苦労された女性たちが大勢いました。それらの人たちのニーズに焦点化しまして、その支援を通じた取り組みがありました。そうしたルーツを持って戦後即、復興の思いを

持って壬生台舜猊下が福祉会館を造られました。そのときには、いろいろな専門職、大学の先生や、浅草寺病院もございましたので、医療機関の方々、いわゆる専門職の方々と協力しながら福祉会館づくりをしていった。当然のように人々の権利を守るということでありますから、法律相談はずっと現在まで続けています。戦前・戦後を通じて続けていることが特徴であろうかと思います。

何よりも大久保先生のお話の中にもありました、今日お見えになっている宇都榮子先生ともご一緒したことがあるんですが、社会福祉実践史という歴史研究の領域で実践をどうやって分析するかといったときに記録が残っていない。日本人は公的な記録を残すのが下手なのか、江戸期のいわゆる下級侍の日記のようなものは残されているのでしょうけれども、さまざまな利他的な実践を行っている実態に関しての細かなデータが残っていない。これらを残さなきゃいけないっていうことがとても重要だと、若い頃に強く感じました。

ところで要旨の中に「地域連携・協働」という説明に「ＰＤＳＡサイクル」と書きました。一般的にＰＤＣＡの頭文字の「Ｃ」を使うのでしょう。でも最近は「Ｓ」という用語を使うようです。まさに「Study」をやらなきゃ駄目だと、「Check」じゃないだろうっていう時代になってきています。そこで福祉会館は、本学会大会のほぼ毎回、研究発表をさせていただいております。日頃のデータをきちんと蓄積していくことが重要ではないかなと思っている次第です。それらの内容は、『浅草寺福祉会館五〇年史』を平成二二年六月に出版されたものがございまして、その本を見ていただければよろしいのですが、これは非売品でお買い求めできませんので、福祉会館に来てお読みいただければと思います。それにすべて書いてありますから、今回は五〇年の歩みを詳しくお話しません。

私は、地域福祉実践に関心を寄せながらも、仏教ソーシャルワークにシフトして研究を続けてまいりました。要旨の「二・地域福祉実践の基礎的な要件」には、かっこで（浄納の財源）（専門家の協力と互酬性）（ネットワークの場つくり）というキーワードを載せました。先ほど壬生先生がお話された、縁日とか、開帳とか、その仏教イベントというようなところで地域の凝集性を高めていく。その中で浄財を確保していく。現在の雷門は、戦後の日本をけん引した松下幸之助さんが寄付された。こうした状況の中、福祉会館も建てられたということなんです。

浅草寺の福祉会館は、いわゆる浅草の地域福祉のシンボルになっているんじゃないかなと、こんなふうに思っている次第です。それを強く感じましたのは、福祉会館に閑古鳥が鳴いた時期がありました。人が来ない、新規の来談者がいない、相談活動では何年にもわたる人とだけ話している。こうした状況をどうやって変えたらよいのかといった課題を、行政も含めた地域の人た

ち、いろんな立場の人たちに声を掛けて、一九九一年に「浅草寺福祉会館将来構想委員会」という勉強会を月一回、一年間にわたってやりました。そして、将来の福祉会館は「こうあってほしい」という報告書を浅草寺貫首殿に提出しました。地域の「皆さんと一緒になって何とか浅草地域を盛り上げましょう」というようなことをもくろんだときの委員長でもあったわけです。その際、浅草寺さんから依頼の手紙が届くと来てくれるんですよ、皆さん。行政も社協も施設も。伊藤先生がおっしゃったように、浅草寺さんから手紙が来たら断れない、という特別な関係性の濃さが実は大きな財産になっていることなんです。

　地域にはいろんな財産があると思うんですが、もう今は地域が解体していますから、これからは再発掘しなかったら、地域をもう一度再生できません。そうした財産をどうやって見い出したらよいのか、といったときのお金の集め方。そして壬生先生がおっしゃったような互酬性。そのときに専門家を活用しますが、専門家は縦割りですから、違う専門家同士で深い話し合いができません。私の経験では、多分野の専門家を呼んで一緒の場をつくっていくことが大切なのです。社会福祉協議会がやれればよいのですが、この会場に台東社協の方はいらっしゃいませんよね。その当時は大変でした。大都市の中でも高齢化率の高い地域であっても、高齢者問題を身近な地域で考えておりませんでしたから。

　それはさておきまして、いわゆる専門家のアイデアや考え方を見い出していく、お金ではない互酬性が大切ではないか。あるいは浅草には「浅草おかみさん会」がありますが、実は地域は女性が支えているんですね。男性は地域を支えておりません。日本の社会や地域は女性が支えてきたと思います。これは統計的に整理すれば出てくるはずです。それを今日はお見せできませんが、そういった互酬性はとても重要ではないかなと思っているわけです。そこからネットワークをつくっていくことを、浅草寺さんは陰ながらやってきていますが、福祉会館がそれらを象徴的に推進していくべきでしょう。

　ちなみに現在の福祉会館は、専任のソーシャルワーカー三名、嘱託のソーシャルワーカー二名、計五名のソーシャルワーカーを擁しています。そして事業費も備わっているんですね。これらは公的機関以上にソーシャルワークの現実を分析できる、とても好条件な環境にあると思います。

　最後に「まとめ」としては、浅草寺さんは巨大都市における巨大寺院の典型的な取り組みでしょう。行政にはできない、そうした実践について先駆的に取り組んできました。今の専門機関は法制度のマニュアルに追われていて、ほとんどのソーシャルワーカーは疲弊して研究もできていません。こうした状況の中での福祉会館は、多くの相談データを丁寧に分析して伊藤先生にもそのうち見直してもらって、きちんとした個別と地域のニーズを把握したうえで、公的相談機関に向けては、こういう相談をやるべき

だという提案を何年後かには提示したいという夢を抱いているわけです。そうしたことを、実は私とも深いご縁のある指定発言のお二人からお話をお聞きいただくと、浅草らしさがよりよく分かると思いますので、お二人に託します。以上です。

◆宮城

ありがとうございます。司会のほうから述べなければならないところも言ってくださって、ありがとうございます。

三人の方から巨大都市における大寺院・浅草寺が担ってきた地域福祉活動について、拝聴することができました。次に、もう一方で、この浅草の地で一寺院としてご活動なさってきた方にも協力していただき、その実践報告をお願いしたいということで、今回お二方を指定発言者としてお招きいたしました。

それでは、了源寺・ファミリーハウスぞうさんのおうち等の実践を担ってこられた森下智子さんに「寺にいながらボランティア～ＮＰＯファミリーハウス、台東区ダウン症の会（クローバーの会）に協力して～」と題してご報告いただきたいと思います。

◆森下

こんにちは。本日は発表の機会を頂戴いたしまして、ありがとうございます。こうした発表は不慣れなのでどきどきしているのですが、今日は主にぞうさんのおうちの活動を中心に話をさせていただきます。よろしくお願いいたします。

私共のお寺はここから歩いて二〇分ちょっとの、都営大江戸線とつくばエクスプレス線の新御徒町駅から約五分、ＪＲの御徒町駅や上野駅、浅草橋駅や都営浅草線の蔵前駅、銀座線の稲荷町駅にも徒歩で出ることができるので、結構、交通の便のいい所にございます。その割にはこの浅草や上野や御徒町に近い割には、繁華街から一キロぐらい離れているおかげで比較的、静かな所なので、このハウスをオープンするにあたって、事前に見学にいらした、今は亡くなったファミリーハウスの理事長でがんセンター中央病院の小児科の医師でいらした大平先生が、「本当にさまざまな病院を利用する方が利用できる立地で、皆さん、本当に喜ばれると思います」とおっしゃってくださったように、今は本当に都内の各地の病院を利用する利用者さんが入れ代わり立ち代わり利用していただいています。幸い境内に車を止めるスペースもあるので、車での利用者さんにもコインパーキングの負担もなく喜ばれています。

ＮＰＯファミリーハウスはお配りしたパンフレットに詳しく載っていますが、現在は都内に九施設、二一部屋を運営しています。ぞうさんのおうちは小さく、右角のほうに写真が載っていますが八畳と四畳半の和室に、ダイニングキッチンとお風呂とトイレ、一家族用のハウスです。

小児がんや慢性心疾患、腎臓病他の小児特定疾患の病児は

一〇万人以上いまして、東京に多くの高度専門病院があります。地元で先端医療が受けられない場合は、上京して治療をとなります。子どもの治療効果の向上や精神的な支え、治療方針の意思決定への参加など、付き添い家族の役割が重要なのですが、現在の基準看護の病院では家族の宿泊不可のことも多く、ウィークリーマンションやビジネスホテルに泊まったり、中には病院の駐車場の車の中で休むなんて家族もいらっしゃいます。治療費に加えて、交通費、宿泊費、地元と病院の二重生活による経済的な負担や、精神的な負担、肉体的な負担は大変なものです。今は何カ月とか、何年とかいう単位の入院が減って、治療の合間に退院することも増えて、一五年前の開設当初とはちょっと利用期間などに変化がありますが、退院しても地元に帰らず、何かあったらすぐ病院に飛んでいける東京でハウスなどを利用して、外来治療している患者さん家族もいます。

　ファミリーハウス運動は一九九一年に国立がんセンター中央病院の小児病棟の親の会の呼び掛けから始まりました。がんセンターでボランティアをしているシスターのキャサリン・ライリーさんから、アメリカには病気の子どもと家族が一泊一〇ドルで泊まれる施設があると聞いたお母さんたちが、ぜひ東京にも宿泊施設をと訴えたのです。付き添う家族が安心してゆっくり休むことができれば、子どもに最高の笑顔で接することができます。それが何より、子どもを力づけることになります。ハウスができたことでチェックインやアウトの時間を気にしたり、明日の泊まる場所を探す心配もなく、付き添う家族は安心して眠れるようになりましたし、副作用で食欲のない子どもに手料理を作って持っていくこともできるようになりました。つらい治療に耐えて病状が安定した患児が一時外泊を許可されたときには、地元までは帰れなくてもうちのような、一家族用のハウスに地元から家族がみんな上京して一家団らんのときを過ごすことがあります。正直、お布団は四組しかないのですが、患児と両親、きょうだい児に、双方のおじいちゃん、おばあちゃんと八人ぐらいが一気に泊まったこともあります。逆に大きな手術のときには病院から三〇分圏内にいるという指示で、ご家族が緊張して待機して泊まるということがあります。ハウス利用中に患児が亡くなる方もいらして、看取りのために毎日病院に通う家族を心配しながら、見守る日もあります。一泊から一カ月、一カ月ちょっととか、一人の利用から四人以上とハウスの利用の仕方はさまざまです。ハウスがちょうどうちのお寺の門前のビルの三階なので、わが家のリビングからはハウスの窓が見えて、今日はまだ明かりがつかないから病院だねとか、今日はちょっと早いねなどと様子を見ながら、でも、ここは東京での利用者さんのわが家ですから、プライバシーを大事にして、必要なとき以外はそっとしておきます。毎日、出掛けにいってきますと声を掛けていく方から、チェックアウトまで一回も会わない方までさまざまです。でも、どんな場合も私たちはこ

こで応援しているよという、小さいメッセージは送って、本堂のお下がりの果物を少し、ドアノブに袋に入れて差し入れたり、困っていることはないですかとメモを入れたり、あなたのことを気に掛けて応援していますよという気持ちが伝わるだけでも応援になればと思っています。あと、退院後に年に何回かの定期検診で外来に受診するときに利用される家族もあって、一五年たった今では、幼稚園児だった患児さんが二〇歳を過ぎて、すごく大きくなって、数カ月に一回、お顔見るたびに順調な経過を喜ぶ方もいます。

一九九一年にファミリーハウス運動が芽生えて一九九三年に第一号のかんがるーの家ができました。その後、いくつかのおうちができては事情でクローズし、私共のぞうさんのおうちは二〇〇四年四月から一五年間活動しています。これまで多くの支援者、篤志家の方、多くの企業の方のご支援、ご協力を受けてまいりました。今では首都圏のみならずファミリーハウス以外にも運動が全国に広がり、全国で五三団体七〇施設以上を運営していますが、皆さん、有名なマクドナルド・ハウスというのはご存じですよね。あちらは二〇〇一年一二月に世田谷の成育医療センターという子ども専門の病院に併設して、第一号のマクドナルド・ハウスせたがやができて、その後、次々と地方の中核の小児の病院の側に造られています。だけれども患者数、ベッド数に対して圧倒的に部屋の数が足りなくて、利用の希望に応えきれないので、公平を期すために二週間利用したら、二週間、他を使ってまた、二週間マクドナルド・ハウスを使えるっていうようなルールがあるものですから、その中継ぎにファミリーハウスとか、他のハウスを使う方もいらっしゃいます。まだ闘病中の多くの家族をカバーするには十分なハウスがないのです。安心して安く、清潔に泊まれるハウスがもっと増えたらと願っています。利用する方が多くの善意に支えられていることを感じ、つらいどん底の中でも少しでも癒やされ、病気と立ち向かうエネルギーをハウスで得られるように支えていかれたらと願っています。

具体的には私たちは、事務局から利用の申し込みのファクスを受けると、到着前に清潔で居心地が良いように部屋を整えて、迷ったときには迎えに出たり、到着したら受付をし案内をして、ごみの出し方他のルールを説明します。滞在中は長くなる方には、初めからご近所さん付きの自分の家に引っ越したつもりで、ご自由なモードでねとお話しします。あくまでも必要ならウエルカムという姿勢で寄り添っています。そして、チェックアウトのときは事務局への一泊一、〇〇〇円の利用料を受領して、ごみやリネンを預かって、鍵を受け取って送り出し、利用後のハウスを点検、次の方へのリネンの用意や布団干しなどをします。開設の当初はまだ小さかったうちの息子が、いそいそと今度は何人とシーツを運んでいましたが、「うちには利用料が一切入らず、こうした仕事は全てボランティアで、入るお金は全部NPOの運営

や、活動費になるのよ」と言ったら、しばらくすごくがっかりして手伝ってくれませんでした。でも今では一五年分おばさんになった私を、ちょっとふうふういって運んでますと、手伝って、代わって率先してハウスにリネンやら寄付の物品を運んでくれています。誰かのために役に立てるという喜びを理解し、力強い賛同者です。

月に一度、ぞうさんのおうちボランティアの日として、第四金曜日にハウスのお掃除などをしてくださるボランティアさんたちが来ます。利用者さんと直接会うことはこの方たちは一度もないのですが、いつ来ても気持ちのいいハウスであるように整える手伝いをしていただき、感染に弱い患児さんが利用しても大丈夫なように壁まで拭いたり、おもちゃを一つ一つ除菌したり、隅々まで目を配ってくれます。そうした陰の力もきっと利用者さんにエールとして届いていると思っています。子どもが病を抱えると家族の生活も大きく変わります。少しでもわが家のように安心して過ごしていただけるよう、治療に立ち向かう応援を続けたいと思っています。

それとクローバーの会は二〇〇九年に知人を通じて知り合った台東区のダウン症のお子さんを持つ親の会で、定期的に自分たちが勉強会や交流をしたり、子どもの学習活動やダンス教室、レクリエーションをするための会場を提供してほしいというご要望にお応えして、テナントがちょうど空いたぞうさんのおうちの一階を提供して、みんなで大掃除をして、大工さんのお父さんのお力添えで床を貼って、お寺からはエアコン二台を寄贈して、活動を開始しました。ときにははやりの音楽に合わせて踊る子どもの歓声が境内に響いていましたが、現在はちょっと活動を理解して予算内で教えてくださるダンスの先生がいらっしゃらなくて、募集中です。鍵を借りに来てあいさつをし、また、別の子が返しに来てあいさつをしていく。一〇年たって卒業した子や、新しい子、あいさつの声に成長を感じつつ、応援しています。お母さんたちにとってもこうした場があることで、孤独な子育てにならないで、学び合い、励まし合って、子育てをしてほしいと願っています。

少子化や未婚、離婚、他の理由で最近は寺院墓地を継承することが困難なお檀家さんも増えて、寺院経営が厳しくなってきています。そんな時代だからこそ、お寺の在り方、地域での役割が問われていると思っています。終活も含めて、個人が生きることの支えになること、共に歩むこと、家族が生き生きと暮らすことのサポートとして何ができるか、居場所づくりや防災、さまざまな角度から模索していきたいと思っています。

福祉作業所にお供物やお中元やお歳暮としていただくお菓子などを差し上げて二五年になりますが、そんなできることをできるペースで長い目で支え合う社会を築いていくきっかけづくりをしたいと思います。お寺にＡＥＤを置いて四年余りですが、せっか

く大の大人が三六五日二四時間年中無休でいつでも誰かがいるというお寺だからこそ、寺にいてできることを今後も何かしら取り組んでいきたいと思っています。以上です。ありがとうございました。

◆**宮城**

ありがとうございます。それでは続いて、吉水岳彦さんの「ご縁をむすんで、支えあい、はぐくみあう」のご報告です。

◆**吉水**

ご紹介に与りました吉水と申します。よろしくお願いします。一〇分間ですので、少々早口になりますことをお許しください。要旨集の一五ページの所をご覧ください。浅草の北に山谷という地域がございまして、ここに私の住むお寺がございます。ここで月に二回、路上生活者へのおにぎりや衣料品、市販の医薬品などを持って路上に住まう人たちの所を訪ねていく活動をしています。そのコースの一つは、浅草寺さんの境内地を通ります。そんな日頃の活動の中から、皆さまにわずかでも有益な話があれば幸いです。

まず一つ目に、私がなぜ活動を始めたのかがここに箇条書きになっています。最初は新宿で路上生活者支援を行うＮＰＯの方々から貧しい人たちのためのお墓が欲しいという相談がありました。しかし、私は山谷の中で育ち、たくさんの路上生活の人を見ていたせいか、とても偏見が強かったんです。だから、彼らが衣食住よりも先に墓を欲していることが理解できませんでした。でも、当時二〇代後半だった私の前に四〇代、五〇代、六〇代の方々が並んで、みな真剣に必要を訴えるからには重要な意味があることなのだということは伝わってきました。そこで、まずはＮＰＯの方々のもとで学ばせてほしいとお願いして、新宿における路上生活者支援の現場に通うようになりました。いまとなれば、本当に大切なことを勉強させてもらえたと思います。学んだことの一つを取り上げると、救急車で呼んでも路上の方は病院で診てもらえないということがありました。救急車で一回、病院に行くんだけれども、「おまえのは病気じゃない」といわれます。栄養がないというのは病気じゃないんですね。低栄養なんで、また戻される。しばらくすると、そのうちヒステリックを起こして体が動かなくなって、そのままそこに倒れたままになる。そんな風にして、一日のうちに三回病院に運ばれて、三回公園に戻ってきた男性に会ったことがありました。一体、こんなことが日本の中で起きているということに本当に驚いたことでした。そして、彼の存在に誰も気付かず、声も掛けないということが、私にとってはつらかった。だからといって、私には何もできないことが本当に悲しかった。そんな経験から、貧困問題についていろいろと学んでいこうと思ったことでした。

また、路上生活からアパート暮らしに戻る支援をするＮＰＯの方々がいらっしゃいます。この方たちが一生懸命支援しても、アパートからまた路上に戻ってくる人たちがいます。多くの理由はシンプルです。テレビやエアコンがあっても、生きた感じがしないんです。だから、きつい環境だけれども公園のほうが、まだくだらないことしゃべれるだけましだということで路上に戻ってくる方々が多くいらっしゃるのです。それから、生活保護を受けている方々が炊き出しに並ぶ現状もショックでした。それは、生活保護受給者は遊んで暮らしているのと変わらないというレッテルを貼られて、世間の人々の無理解によって精神的にも孤立を感じている中炊き出しの場につながりを求めてきている人たちでした。また、路上に生活するようになるまでの背景を聞いていけば、多くの人たちが自分の孤独な生い立ちを語ります。また子ども時代、置かれた環境の中で精いっぱい生きてきたにも関わらず、家族の死亡や不和、病気、けが、そして、会社の倒産、いろんな背景があって、路上にやって来ざるを得なかったといいます。こういう大変な思いをして路上に生活するようになった人たちのことを、かつての私は見てもいませんでした。気付きもしませんでした。ただ何となく、この人たちは自分勝手な生き方をしたい人たちなんだ、怠けてきた人たちなんだと決めつけてきたことが本当に悲しく、愚かしいことだということに、彼らと関わってようやく気付かせてもらいました。彼らと出会い、かかわりを持つうちに、私たちの方が学ぶことが多いということに気付いて、もっといろんなことを教えてもらいたい、関わらせてもらいたいと思って始めたのが、ひとさじの会の活動です。

もともとは新宿で活動をしていたのですが、そもそも自分の生まれ育った浅草山谷という地域に目を向けてみれば、同じような境遇の方々がおられる。その方々に対して、どういうことをさせてもらえるだろうかと考え、お念仏会の仲間と共に始めたのがこの会なんです。資料の二番の所です。活動を始めてから一〇年近くなるんですけれども、今さらですが一つのことに気付いたんです。それは、路上に出てくるおじさんたちの多くから聞かれる言葉の中に、子ども時代に親や大人たちから放っておかれたことや、食べるものもちゃんと与えられないような環境だったことや、暴力を受けたことなど、さまざまな子ども時代のしんどさを聞くことが多かったことです。当たり前のことですが、人生は生まれるところからスタートするわけです。生まれてからずっとしんどい思いをしてきて、さまざまなライフステージでその苦しさに気づいてくれる人と出会うことができず、苦しさから抜け出す機会がなかったといいます。

また、家庭内のことっていうのは不介入だったりすることが多いので、家庭で暴力を受けていても助けてもらえず、そのしんどさから逃げるようにして路上に出てくる人たちもいます。家族との縁を切る人、切らざるを得なかった人、暴力を受けて逃げてき

た人等、いろんな方に出会いました。そんな人たちのお話を聴かせてもらううちに、どうにかその苦しみを予防できないかと考えるようになりました。路上に生活する人たちにおにぎりを配るのは、バンドエイドを貼るような活動です。おにぎりを配っただけでは路上生活から助からないのは分かっています。だから、出会った時に話を聴き、彼らから求められれば、生活の支援や医療の支援へのつなぎ手になります。顔見知りになってくると、しんどくなったときに素直にしんどいって言ってくださるようになります。本当に助けてって言えない人が多いですが、そういった言葉を発してもよい関係性をつむぐことがおにぎり配るということです。その他に予防的なことって何かできないだろうかと思っていたときに、たまたまお寺の敷地に立っていたお宅に住む信者さんが亡くなり、娘さんたちが建物を寄付してくださることになったんです。そこで子どもたちの支援ができないだろうかと考えて「こども極楽堂」という建物を造って、さまざまなＮＰＯの方々に入ってもらって活動してもらうようになりました。

今日もこの会場にお越しいただいていますが、「台東区の子育てを支えるネットワーク」という団体、通称たいとこネットは無償学習支援や子ども食堂をずっと週二回続けてくださっています。また、「ふれるはぐくむ wa-coya」は母子の居場所支援を行う団体です。母子で参加できる勉強会を自分たちで企画するなど、同じような境遇の母子がつながれるような支援をしてくださっています。「下町グリーフサポート響和国」という団体は、親やきょうだいを失った子どもたちや、子を失った親たちの心に向き合う活動、及びグリーフサポートを行う人の養成も行っています。東京の東側にはこういうグリーフ、特に子どものグリーフをサポートしたり、学びを得る場がほとんどありません。そんな地域の必要に応える団体でもあります。さらに、障害児たちのデイケアの施設が近所にできたことを受けて、障害児たちの居場所の支援としての子ども食堂を行う「ごくらくこども食堂」という活動も始まりました。

箇条書き三つ目の「在日ベトナム仏教信者会との関わり」については、居場所がない在日外国人の支援や、生活困窮の状態の人たちを支えようと積極的に活動する在日ベトナム仏教徒のグループとの交流と協働です。彼らは数年前から、私たちの活動の支援をしてくれて、関わりを深めてくれています。

また、箇条書きの四つ目に挙げたのは病気による孤独です。孤独というのはさまざまな状況から起きてきます。医療支援の場所や、生活支援、終の棲家となる場所でも、孤独を感じる人への支援が大切です。私は特に、この人生を終えた後の終の棲家であるお墓への納骨や葬送の支援を通じて、人生の最後や、残りの人生をどうやって生きていくか、力強く残りの人生を生き切っていただくための場の支援をさせていただいていると思います。その場は、現実的なお墓を意味するだけではなく、死後の世界という場

をも意味します。宗教や信仰があればこそ可能な場の支援でもあります。

世間では、宗教や信仰ということが福祉と乖離するといわれることも多くありますが、宗教や信仰は非合理的で、非科学的だからこそ意味があるということを、彼らとの関わりの中で教わりました。私たちの感情はそんなに合理的でしょうか。科学的でしょうか。そんなことはないですね。むしろ、非合理的で、非科学的なものでありながら重要で、これが暴れ出すとどうしようもなく苦しくなるからこそ、それを受けとめてくれる宗教が必要なのではないでしょうか。

そして、ちょっと時間が超過しそうなんですが、もう一言だけお願いします。先ほど浅草だからこういう活動ができてるんじゃないかとのご指摘が石川先生からありました。私もそのように思います。浅草、山谷、吉原という非常に特殊な地域文化と歴史のもとに漠然とした宗教や仏教に対する信頼性が形成されたことは間違いないと思います。ですから、私が何か活動するときに邪魔されることはほとんどありませんでした。むしろ、協力を受けることはあっても、邪魔するということは一切ありませんでした。説明さえすれば、何かできることはないかと言ってくれる地域であったことはありがたいことでした。

また、もう一つは、学生たちと一緒に浅草寺近くの仲見世などを通って活動すると、昼間はPlay、遊ぶ場側だった所が、夜は本当にPray、祈らねばならないような、そういう場が浅草であることを実感させられます。祈りたいと思うぐらいしんどい人たちに関わるということも、この場の特殊性だと思います。実際に路上に暮らす人のなかには、浅草寺だから来ているという人も実はいるんですよ。何となくの安心感は路上で生活する人にもあるんですね。一度この場を追われても、どうしてもこの場に戻ってくる方もおられます。彼らは、細かな仏教の理屈は分かりません。でも、安心するんだそうです。

こうした寺という場所で活動させてもらうことはすごくありがたいことです。お寺にはいつも誰かがいるわけです。そこにいろんな人が集いますので、さっきの広場機能みたいなものが生じます。ボランティアで来る人たちもいろいろな痛みや悩みを抱えていることがあります。そんな彼らがお寺という場に集うことで、結果的に、ピアカウンセリングの場のような機能を果たすこともあれば、ときにはそこから新しい活動を参加者同士で始めていくということも目にしています。

そのような体験からも、浅草という地域のお寺で活動させてもらうことで多くの支えをいただいているとも思えます。もちろんこの地域に限られる特殊な問題もあるかもしれませんが、一方でそれに向き合うために必要な要素もこの地域の中にたくさんあるように感じています。時間オーバーしてしまいましたが、以上です。どうもありがとうございました。

◆宮城

ありがとうございました。以上、五人の方からそれぞれご発題、そして実践報告をしていただきました。最後に、コメンテーターの長谷川匡俊先生から、全体をとおしてのコメントをいただきたいと思います。

◆長谷川

コメンテーターを仰せつかっている長谷川と申します。今、三人の先生がたの重厚なご発表、そして、お二人の指定発言者の実践のエネルギーを感じさせる素晴らしいご報告を伺って、私も感無量です。浅草寺さんという歴史的にもゆかりのある、江戸、そして東京の人々の信仰を集める、いわば聖地、そこに伺って、あらためて感じたことがあります。私、千葉に住んでおりますけれども、成田山新勝寺に時々、お参りするわけです。ご当山は新勝寺さんとは違った面ももちろんあるんですけれども、仏教福祉、あるいは寺院における福祉活動という観点から見ますと、実はこの二つは私のつたない見方としては、関東を代表する二大都市型の寺院総合社会事業と申し上げてもよいかと思います。成田山は五大事業として、明治後期から今日に至るまで、連綿として事業や活動が続いております。そして、浅草寺さんの今日のお話にありましたように、地域に根差した仏教福祉活動が、広範にわたって展開していく。このことを改めて印象付けられ、多くを学ばせていただきました。以下は、私の感想を述べさせていただきます。

一つは、歴史的な脈絡であらためて学んだことです。一九二〇年前後からおよそ二〇年、太平洋戦争に入るぐらいまでの間、日本の寺院社会事業の隆盛期といってよいほど、活況を呈していた一時代があります。しかし、その時代における寺院社会事業というのは、どちらかというと行政主導、官民一体的な要素もあります。そうはいうものの、寺院が地域の人々の生活課題にどのように応えていくか、真剣に取り組んだ僧侶や寺院があることも事実です。そうした歴史の系譜というものを現代の寺院福祉活動、寺院社会福祉事業というものとも照らし合わせながら、歴史的な脈絡を明らかにし、系譜的に位置付けていくこと、つまり、突然、生まれたのではなく、歴史的な経緯というものを大切にしたいと、今日の大久保先生や石川先生、それから冒頭の壬生先生のお話からも、それをあらためて気付かせていただきました。この点は「伝統」をキーワードにして考えてはどうかと思っております。

二つ目は、この寺院における福祉活動というものと、近年、寺院あるいは、仏教者による社会貢献活動ということが盛んにいわれるわけです。そして寺院の福祉活動も社会貢献活動の一つであるという捉え方があります。確かにそうした面もあると思いますが、仏教社会福祉学会として捉えていく場合に、この辺のところ

の概念的な整理をきちんとしておくべきではないだろうか。仏教福祉という場合に、まず、今日お話にもありましたように福祉ニーズ、社会福祉問題、そこに焦点を当てていくということが大切であり、その社会福祉問題の発掘なり、発見なり、開発ということが重要であるわけです。単に社会に益するとか、公益に資するとか、そうした貢献活動の一環として仏教福祉活動を捉える方法には、私はやや疑問に思うわけです。そういう意味で、今日のご発題から寺院による地域に根差した福祉活動にはニーズの発見から、問題の解決へ、その実践を支える、あるいは、実践を貫く仏教の思想、理念、そして、信仰というものが極めて重要です。浅草寺様に即して言えば、観音信仰、「慈眼視衆生」という『法華経』の言葉がありますけれども、観音様のあの慈悲のまなざし。それがカウンセラーの先生もまた、来談されるクライアントの方も共に、その「慈眼視衆生」の下にあるという、そういうことを今日のご報告を伺いながら、あらためて実感させていただきました。

それから、もう一つは、そもそも寺院とは何なのか。僧侶、仏教者とは何なのか。寺院は活動の場である、社会的な資源として、そうした場としての寺院の有効性というのはとても大切な視点だと思いますけれども、そこにご本尊の「働き」がなければ、それは形骸といっていいかもしれません。そのような意味で、ご本尊の働き、つまりは信仰というものがベースになければ先ほどの、地域性と浅草寺様の聖域、聖性、世俗とは別の世界という意味での聖なる世界、これはやはり信仰というものが脈打って初めてそう言えるのだろうと思いますね。それから僧侶、仏教者とは何かと考えていく場合の、仏教徒としての基本は今日のお話にも繰り返しありましたように、人や社会や自然との関係性、縁起、縁によってわれわれは生きているわけであります。その関係性のほころび、それがさまざまな社会福祉問題を生んでいると思います。その非縁起的な、非共生的な、非福祉的な状況に異議を申し立て、その問題の解決に取り組んでいくところに仏教福祉の重要なポイントがあるのではないだろうかと、このことをあらためて考えさせられたわけです。われわれ仏教徒はそのような意味で、そうした非縁起的な状況に鋭敏でありたいものだと、自戒を含めて考えさせられました。

最後に、今日のお話にもあったのですが、観音様の足下にあるこの場所で特に思うのは、人が見逃したものも見るまなざし。観音様は恐らく、われわれが見逃している人びとの痛みや苦しみや悩みや闇、そういうものに対する「慈眼視衆生」のまなざし。それを私共もまた、多少とも体現していけるようでありたいな、とあらためて感じた次第であります。どうもありがとうございました。

◆**宮城**

ありがとうございました。ここで、せっかくの機会でございますから、フロアから二、三のご質問やご意見を頂きたいと思いますがいかがでございましょうか。

B　すいません。伊藤先生に伺いたいのですが、先ほどのレジュメの表にＡＢＣＤとありますが、これはＡという人、Ｂという人、Ｃという人、Ｄという人という意味のＡＢＣＤなのでしょうか。もう一回、この表を説明していただけますか。

◆**伊藤**

これは人ではなくて、その方、その方が相談においでになる「動機」を示す位置なので、もちろん、あるときには人である場合もあるかとは思いますけれども、人間そのものではないです。

B　先生もう一つ、この下の関係性のところは右に行くほど感情の吐露というように理解したんですが、この縦の道具性の目的追求っていうのがよく分からなかったんです。これは上に行くほどどういうふうになるのですか。

◆**伊藤**

目的が明確で何かを達成するという目的性が高いということです。例えば、左寄りで人との関係はそれほど求めていないけど、上に寄っているのは何かを知りたいとか、何か手伝って欲しいとかいう動機による相談ですが、右に寄っていて、上の方というのは、人との深い関わりの中で気持ちもわかって欲しいけど、自分自身も変わりたいとか、事態を変えたいとか、そういう目的性も高いということになります。だから、明確な何かを知りたいとか、変わりたいとか、変えたいとかの目的性が高くて、相談を活用・利用するので、道具性と表現しています。

多くの場合私たちの日常では、おしゃべりをして、何となく気持ちが分かって、通じ合って、共感してもらったりすると、ほとんどは、「まあいいか」という感じになるわけですね。大体がそうなんですけれども、それで済まない方が相談に見えるということを、こういった図で表したつもりです。

B　ありがとうございました。

◆**宮城**

それではもうひとかたお願いできますでしょうか。

◆**伊東**

私は同朋大学で教授をしております伊東でございます。本日はもうひとり、東京福祉大学の留学生でカンボジアから博士号を取

るために来て、カンボジアと日本の寺院の活動について比較を研究されている方にも参加して頂きました。

今日のシンポジウムは大変、素晴らしく充実したもので感動いたしました。大久保先生のご発題を受けて、ぜひとも、カンボジアの留学生の方にも先生のご著書を読み、勉強してもらいたいと思いました。そして伊藤先生は優しい語り口で相談に来られた方が本当に自分の悩みをお話しできるんだろうなと感じました。また、石川到覚先生のご発言で、この浅草寺さんから頼まれたら嫌と言えないというブランディング、このお言葉にものすごい衝撃を受けました。その力をまた、こうしてこういった社会活動、福祉活動しながら連綿と続け、拡大していくということの大切さ、大変さ、これに感銘を受けてしまいました。それから森下様のご発言もとっても暖かくて、こういう方がおられるんだなと、実践されている方の力を感じましたし、最後の熱のある吉水僧侶のお話は大変、感動いたしまして、これが絆ということではないかと感じました。まさに人間救済ということになっていくのではないかと感じさせられました。以上、感想でございます。

◆宮城

シンポジストの先生方、何か一言、ご発言ありますか。石川先生ありませんか。

◆石川

感想をありがとうございます。本学会員の皆さんは、全国から浅草寺に集まられましたが、外国人の参詣が多いばかりではなく、日常生活の水面下では面白い寺院なのだと思っていただけたのではないかと思っております。吉水さんの語り口と冗舌はだんだん磨きがかかってきました。私のイメージでは颯田本真尼の男性版のような感じが募るんですけれど、そういうスーパースターではつぶれちゃうので、彼にはもうちょっと協力者がいてほしいと思っていたら、いっぱいいるんですね。浅草という地域は「人と人とのつながり」をとっても大切にするっていうところがあります。祭り好きの地域ってそうじゃないかと思うんです。各地の祭りが衰退したっていうことは、そのつながりが切れたっていうことだと思います。そうした研究をやってないんですが、比較してみると明確に分かるんじゃないかとさえ思っております。ですから「絆」の大切さをおっしゃった、壬生先生流に言えば、ご開帳や縁日などを地域の絆づくりとしてどうやっているのか、ご縁のつながりを深める仕掛けを、仏教者が陰でどうやっていくのか、公行政にはできませんので。そんなアイデアを寄せ合ったらいかがでしょうか。以上です。

◆宮城

ありがとうございます。熱意ある意見交換ができたシンポジウ

ムとなりました。皆様方の中には、さらに議論を深めたいという方もあるかと思いますが、残念ながら時間が来てしまいました。本当に申し訳ないですが、ここでこのシンポジウムを閉じたいと思います。最後にシンポジストの先生方、指定発言者の方々、そしてコメントいただいた長谷川先生に盛大な拍手をお願いいたします。

令和元年度　日本仏教社会福祉学会　大会概要

【大会概要】

一．大会テーマ：「寺院による福祉活動」
二．大会日時：二〇一九（令和元）年
　九月一〇日（火）～十一日（水）
三．大会会場：浅草寺（東京都台東区浅草二―三―一）

【大会日程　一日目：九月一〇日（火）】

一〇時〇〇分　受付　浅草寺五重塔院　信徒休憩室前
一〇時四〇分　物故者追悼法要出席者集合
十一時〇〇分　物故者追悼法要
　導師　浅草寺貫首　田中昭徳大僧正
　於：浅草寺本堂
十一時三〇分　昼食・休憩
十三時〇〇分　開会式　於：浅草寺五重塔院信徒休憩室
基調講演〔公開〕
「江戸と浅草寺～都市と寺院の接近プロセス～」
壬生　真康師（浅草寺教化部執事・勧学所長）
　十四時〇〇分　シンポジウム〔公開〕
「寺院による福祉活動～浅草寺を中心にして～」

コーディネーター
宮城洋一郎氏（種智院大学特任教授）
シンポジスト
大久保秀子氏（浦和大学副学長）
伊藤　直文氏（大正大学心理社会学部長）
石川　到覚氏（大正大学名誉教授）
指定発言者
森下　智子氏（了源寺・ファミリーハウスぞうさんのおうち）
吉水　岳彦氏（光照院・ひとさじの会（社会慈業委員会））
コメンテーター
長谷川匡俊氏（淑徳大学名誉教授）
十六時〇〇分　日本仏教社会福祉学会総会
十七時三〇分　情報交換会
　於：台東区民会館九階　特別会議室

【大会日程　二日目：九月十一日（水）】

全体会　於：浅草寺普門会館三階
九時十五分　日本仏教社会福祉学会　学会奨励賞受賞発表
頼尊　恒信（滋賀県立大学非常勤講師）
「真宗学と障害学―障害と自立をとらえる新たな視座の構築のために―」
一〇時〇〇分　研究発表（発表二〇分、質疑応答一〇分）

第一分科会　於：浅草寺普門会館二階

一．佐伯　典彦（名張市役所福祉こども部地域包括支援センター）

「ケアマネ相談・ケアプランチェックの業務についての考察（悩んでいるケアマネにむけて）」

二．常松　洋介（豊島区保健福祉部）

「大都市地域における単身高齢者の社会的孤立への支援課題～仏教的アプローチとの協働をめざす行政課題を考える～」

三．○渡辺　義昭（淑徳大学アジア国際社会福祉研究所）

藤森　雄介（同）

「東日本大震災を契機とした、寺院の社会的活動について～岩手県釜石市で開催されている韋駄天競争における地域連携の事例から～」

四．○宇都　築子（福田会育児院史研究会）

菅田　理一（鳥取短期大学・福田会育児院史研究会）

「浅草寺等寺院並びに駅等設置の福田会投入銭箱の意義と福田会財政～福田会創設期から昭和戦前まで～」

第二分科会　於：浅草寺普門会館三階

一．○前廣　美保（龍谷大学大学院社会学研究科博士後期課程・武蔵野大学）

栗田　修司（龍谷大学）

「日本語における『しあわせ』概念の変遷」

二．○三上　民喜（龍谷大学大学院社会学研究科博士後期課程）

栗田　修司（龍谷大学）

「消防職員の惨事ストレス対策に関する研究～ソーシャル・サポートに着目して～」

三．○中村　明美（龍谷大学大学院社会学研究科博士後期課程）

栗田修司（龍谷大学）

「地域におけるがん患者同士の見守りシステムに関する研究」

〔事務局報告〕

平成三十一年度　日本仏教社会福祉学会

第一回理事・役員会報告

日時：平成三十一年四月二十日（土）
十五時〇〇分〜十七時三〇分
場所：立正大学　品川キャンパス

出席（敬称略）
代表理事　清水　海隆
個人理事　石川　到覚・栗田　修司・新保　佑光
長谷川匡俊・藤森　雄介・宮城洋一郎
団体理事　小島　恵昭・長上　深雪・吉村　彰史
監　事　梅原　基雄・山口　幸照
事務局長　吉村　彰史（団体理事兼任）
オブザーバー　平田　真紹（浅草寺福祉会館）
金田　寿世（同）

欠席
個人理事　落合　崇志・田宮　仁・長崎　陽子・野田　隆生
鷲見　宗信
団体理事　渋谷　哲・宮崎　牧子・池上　要靖

議事報告

事務局　事務局長より開会の宣言。定足数の確認。欠席理事の先生方からは委任状を頂いている。理事役員数の二分の一以上の出席。理事会規定第六条に基づき本理事会は成立している。規定に基づき、代表理事を議長とした。

議案

〔第一号議案〕会員の異動について

（一）入会会員の承認について

次の個人会員五名の入会の申し出が説明され、承認された。

○個人会員
常松　洋介（豊島区役所・保健福祉部長）・アダム・ライオンズ（京都アメリカ大学コンソーシアム・ポスドク）
山下　和夫（Ｄ－ＰＣＡセンター主宰・元美作大学准教授）
前廣　美保（武蔵野大学・通信教育部）
大竹　一史（再入会）

（二）退会会員の承認について

次の個人会員九名の退会について説明され、承認された。
福島栄寿・武田道生・澤田景子・長谷川良昭・原田克己
伊東秀一・藤本信隆・鹿野雅一・花嶋文雄

以上のことから、二〇一九年四月二〇日現在の会員数は以下の通りとなった。

個人会員　二〇〇＋五－九＝一九六名

団体会員　二十三団体

計　二一九会員

（三）会費未納会員について

事務局より、会費未納会員の現況について以下の通り説明された。

四年未納　四名　　三年未納　十一名

二年未納　十九名　　一年未納　三十六名

団体会員　三団体

該当者に対しては、今年度の年会費のご案内の際に、個別に納入願いを別途同封する。

（四）会員種別変更希望届について

事務局より、会員種別の体制の変更に伴い、一般会員（これまでの個人会員）から学生会員・賛助会員・実践会員へと変更が可能になった。そこで、事務局に提出してもらう変更希望届の申請フォームについて説明された。年会費のご案内、ニュースレター等とともに同封されることとなった。

（五）入会申込書（個人）について

会員種別の体制の変更に伴い、個人の入会申込書のフォームを変更することが事務局より説明された。変更点は右上の会員種別選択の欄である。

また、新規に作成した学会の三つ折りパンフレットには「会員推薦人」の欄がないこともあり、推薦人の要・不要について議論された。

意見　送られてきた書類上では、入会の動機がわからないが、推薦人がいる場合は概略がわかるので、備考欄に書いてもらうのはどうか。

意見　申し込みの間口は広げつつ、入会の審査はちゃんとやる、という二段構えは必要。申し込んだら自動的に入会できるわけではないことを伝える必要がある。

結論としては、以下のとおり決定した。

・申し込みフォームは三つ折りパンフ版ではなく、A４版の入会申込書を正式なものとする。

・パンフの様式で入会の申し込みが届いたら、再度、A４版のものに記載してもらうよう事務局からお願いする。

・年二回の理事・役員会で入会審査があることをきちんと伝える（A４版の備考欄にも記載）。

・推薦人がいない場合は事務局で対応するので、その旨、事務局まで相談してもらう（A４版の備考欄にも記載）。

〔第二号議案〕平成三〇年度事業報告・平成三〇年度収支決算（案）について

以下、事務局より説明された。

1．総会・理事会開催

平成三〇年度総会　平成三〇年九月二十九日（土）

（於：身延山大学）

平成三〇年度理事会

第一回　平成三〇年四月二十八日（土）

於：立正大学　品川キャンパス

第二回　平成三〇年九月二十九日（土）

於：身延山大学

2．年報刊行事業

平成三〇年度　第四十九号刊行

第四十九号は、諸般の事情により予定より遅れたが、平成三〇年度内に刊行できた。（会員への発送は平成三十一年四月十八日）

3．研究助成事業

（一）「仏教社会福祉」勉強会の開催

平成三〇年度は、関東地域で一回開催した。

平成三十一年二月十三日（水）於：浅草寺普門会館二階

「仏教福祉における更生保護」講師：梅原基雄（本学会会員）

（二）学会賞（学術賞・奨励賞）授与事業

第六回学会賞（対象期間：平成二十七年一月一日～平成二十九年十二月三十一日）

厳正なる審査の結果、頼尊会員に対し奨励賞が授与された。

奨励賞　頼尊恒信著『真宗学と障害学』（生活書院、平成二十七年）

4．第五十三回学術大会開催事業

平成三〇年九月二十九日（土）～三〇日（日）於：身延山大学

大会校の身延山大学をはじめ、関係各位の協力のもと、実り多い大会を開催し、無事に終了することができた。

今回は台風が迫りくる中ではあったが、日程を変更するなど臨機応変に対応し、安全に大会を運営することができた。

5．広報事業

（一）ニュースレターの発行（年二回）

二十九号・三〇号を発行することができた。（三〇号の発送は二〇一九年四月十八日）

（二）ホームページ維持・管理　株式会社　国際文献社

年二回、更新を行った。

（三）学会メーリングリストの活用

学会メーリングリストを活用し、情報配信や情報提供の呼びかけを適宜、行なった。登録者は八十名を超えて

いる。

アドレス　info.jabsws@gmail.com

（四）学会パンフレットの作成・配布

学会パンフレット（A４の三つ折りサイズ・カラー）を作成した（七百部）。教師数五百名以上の仏教教団を中心に、四十二団体に対しパンフレットを郵送し、当学会の存在をアピールし入会を募った（発送は二〇一九年四月十八日）。

（五）他学会との連携

日本仏教教育学会・仏教文化学会と情報を共有し、連携していくこととなった。

龍谷大学の国際社会文化研究所と淑徳大学のアジア国際社会福祉研究所の共同シンポジウム「アジアの仏教ソーシャルワーク～日本が忘れてきたもの～」を後援した（十二月二十二日）。

6．研究事業

（一）仏教ソーシャルワーク研究プロジェクト（委員長：新保祐光）

研究組織の体制作りを課題とし、体制の立て直しを図った。淑徳大学の「アジアのソーシャルワークにおける仏教の可能性に関する総合的研究」への研究協力と、臨床宗教師の養成課程に関わることで、宗教者の社会的実践の基盤となる価値は何か、それを具現化する知識、技能とは何かの検討を行った。

（二）仏教社会福祉学研究史（仮）プロジェクト（委員長：池上要靖）

（三）日本の地域社会におけるソーシャルワークと仏教の協働モデルの開発プロジェクト（略称：国内開発、旧：東日本震災対応プロジェクト）（委員長：藤森雄介）

①「東日本大震災を契機とした地域社会・社会福祉協議会と宗教施設（仏教寺院・神社など）との連携に関する調査」について、調査票については集計を完了し、第五十三回大会にて、集計結果からみられる傾向等を報告した。また、日本宗教学会、浄土宗教学大会にて、本研究の成果の一部を発表した。地域社会における寺院、僧侶等の実践のモデル事例については十一月以降、順次調査を開始した。

②「仏教社会的実践活動プラットフォーム」について、九月二十八日現在、登録済二件、承認済登録待ち十七件、承認申請一件、計二〇件である。全日本仏教会前事務総長の久喜氏にご協力頂きながら、主な宗派教団の該当部署を直接訪問しての登録依頼を継続した。

7．特別事業

（二）日本仏教社会福祉学会五〇周年記念事業委員会（委員長：清水海隆）

『五〇周年記念誌』資料編のＤＶＤについては、継続して作業・検討を行った。

8．学会事業担当（平成三〇年度）

（一）担当理事及び委員会

①年報編集担当理事：栗田修司

編集委員会：栗田修司（編集長兼務）・大久保秀子・清水隆則・長崎陽子・藤森雄介

査読委員：二十五名

②研究担当理事：新保祐光・藤森雄介

・仏教ソーシャルワーク研究プロジェクト：新保祐光

・国内開発プロジェクト：藤森雄介

・「仏教社会福祉」勉強会：長上理事（関西担当）・梅原監事（関東担当）

・『仏教社会福祉学研究史（仮）』編集刊行委員会：池上要靖

③庶務担当理事：吉村彰史（事務局長兼務）

・事務局：吉村彰史

次に、決算報告について事務局より以下の通り説明された。

収入の部、個人会員費「六千円×二口」とは、二十九年度、会費を一万円納入した会員二名について、三〇年度は六千円でよいと伝えたことによる。

貯金利子「三万四千五百二十六円」とは、学会特別基金百万円が満期になったことに付随した利子である。百万円は再度、定期貯金にて保管していく。

雑収入八万四千円はすべて年報の売上である。二十七～三十三号は二千円、三十四号以降は二千五百円で販売している。バックナンバーを含め合計七〇冊の売上があった。

支出の部、予備費について、「学会三つ折りチラシ印刷」については、七百部作成して六千五百六十六円であった。

平成三〇年度決算書については、梅原監事・山口監事に監査を受けた。梅原監事より、収支が適切に運営され、残高等も正確に保管されていることが報告された。

意見　次年度繰越金が一、七〇〇、九九五円となっているので、そのうち一〇〇万円を新たに学会特別基金②として保管してはどうか。

事務局　そのように対応できるよう検討する。

事務局　年報の一般販売については、年に数度、書店を通して事務局に問い合わせがある。都度、不二出版を紹介している。

意見　バックナンバーの内容・目次について、さらに上手く

ＰＲしていく必要がある。

事務局　ＨＰを充実させながら対応していく。

〔第三号議案〕平成三十一年度　第五十四回大会（浅草寺）について

大会事務局・浅草寺福祉会館の平田真紹氏・金田寿世氏より、開催案内について説明された。

発表採用の可否および事前査読について意見交換され、学会事務局および編集委員会にて担当することになった。

さらに、シンポジウムにおいてはシンポジスト・コーディネーターに加え、仏教社会福祉という学術的視点あるいは広い視野からも議論を展開できるように、コメンテーターを一名、依頼することとなった。

〔第四号議案〕令和二年度　第五十五回大会について

代表理事より説明があった。ここ十年を振り返ると、団体会員の大学、研究者のいる大学等を中心に、大会を開催してきた。最近は淑徳大学、立正大学、種智院大学、身延山大学、浅草寺ときたわけでだが、これまでのこと、また昨今の大学や会員の方々の色々な状況を鑑みると、地域を決めて、理事の中で協議していく必要がある。もちろん、今まで開催したことのない地方で仏教社会福祉のさまざまな取り組みを掘り起こす必要はあるが、すぐに状況が整うかというと現実的には難しいと考えられる。

そこで次年度、五十五回大会は関東の理事を中心に協議して決めていく。五十六回、五十七回大会は関西の理事を中心に協議して決める、また時に中部で、というような方式にさせていただきたい。

意見　京都は「京都コンソーシアム」という大変良い施設があり、加盟校の専任教員であれば格安で借りることが可能である。事前準備や当日の人員配置などの点がクリアになるのであれば、そういった会場での開催も今後、検討できると考えられる。

〔第五号議案〕理事選出選挙について

事務局より、理事選出選挙の日程、流れ、留意点について説明・確認された。

選挙管理委員会については三人体制、すなわち現事務局一人、前事務局一人、もう一人。したがって、吉村（現事務局。選挙委員）、藤森理事（前事務局。選挙委員長）、さらに会員から一名を選出することとなった。**【その後、協議の上、百瀬ユカリ会員に選挙委員を依頼することとなった】**

意見　選挙の前に、会費未納者には個別に呼びかけ、選挙の投票率を上げる配慮が必要である。

意見　現理事の中には、理事会や総会への出席率が低い方もいる。任命の方法や理事の定数など、変えていく必要があるのではないか。さらに、理事は当学会をリードする者であるから、任期中に一度は学会発表や論文投稿をするといったことを義務付けてはどうか。

意見　選挙での得票数だけでなく、ご本人の意思をしっかり確認する必要がある。

意見　定員は十八名であるが、数を満たさなければいけないということはない。理事としての役割をきっちり果たせる方を精査し、任命しなければならない。

代表理事　定員数の改定については総会に諮らなければならないので、今回の選挙には間に合わない。理事の資質や義務、何より本人の意思確認など、七月の開票以降、できることをしっかりやっていきたい。

報告事項

①各研究プロジェクトについて

（年報編集・査読）栗田理事より以下の通り報告された。

平成三〇年度　活動進捗状況報告

①年報四十九号の発行。

②年報編集委員会開催（悪天候のため中止）

③年報五〇号に向けての編集作業

④投稿原稿フローチャートの検討（開始）

平成三十一年度　事業・活動予定

①年報五〇号発行に向けての編集作業と発行

②年報編集委員会開催（九月十一日　浅草寺）

③年報五十一号発行に向けて

④投稿原稿フローチャート（継続）

⑤論文執筆のサポート体制の検討（継続。特に事例研究の論文作成方法に関して）

栗田理事　年報五〇号については、査読にまわす原稿二本、図書紹介二本を検討中である。一本の論文が〆切よりだいぶ前に投稿された。〆切の期日を待って査読を開始したので、投稿者に査読結果が届くのが遅くなった。年に一回の〆切だが、今後、対応を改善していきたい。

　それぞれの投稿のアブストラクトの英語は、各人がネイティブの方にチェックしていただいているが、英文目次を作成する際、大会テーマ・講演の題名やご所属についての英語表記についても、ネイティブにチェックしてもらう必要がある（特に肩書き、宗派の「管長」「執事」など）。今回は特別に、淑徳大学の郷堀ヨゼフ会員に依頼したが、今後、こういう大会全体に関わるところの英語に関するチェックについては特別にどなたかに依頼する必要があると考えられるので、対応ご検討いただきたい。

事務局　年報編集を速やかに行うためにも、大会開催時に確認しておくようにしたい。

（国内開発）　藤森理事より以下の通り報告された。

平成三〇年度　活動進捗状況報告

①「東日本大震災を契機とした地域社会・社会福祉協議会と宗教施設（仏教寺院・神社など）との連携に関する調査」について。調査報告書を作成中。今秋の学会大会までの発行を目指す。

②「仏教社会的実践活動プラットフォーム（ＢＰＨ）」について。昨年十一月以降、全日本仏教会前事務総長の久喜氏からのアドバイスを受けて、各宗及び関連団体の担当部局を訪問し、ＢＰＨに関する説明や協力要請を行った。これまで、天台宗、高野山真言宗、真言宗智山派、日蓮宗、曹洞宗、臨済宗妙心寺派、浄土真宗本願寺派、真宗大谷派、シャンティ国際ボランティア会、全日本仏教会、日本臨床宗教師会をそれぞれ訪れている。

平成三十一年度　事業・活動予定

①について。報告書を作成中であり、関連して、現在、何らかの活動を行っている地域、寺院の事例の報告も合わせて行っていく予定である。

②について。現在、二十件以上の登録申請があり、それぞれ申請承認は行っているものの、本申請には至っておらず、その点についての改善を行っていく。一方、今回の訪問の結果、シャンティ国際ボランティア会や真言宗智山派から登録申請を受けている。また、四月一日付けで、淑徳大学アジア国際社会福祉研究所所長名で各宗務総長に本件に関する協力要請の依頼文をお送りしている。これについても、日蓮宗宗務院より詳細の説明を伺いたいとの連絡を頂く等の動きがあり、今後につなげていくよう広報的な活動を継続していきたい。

（仏教ソーシャルワーク研究プロジェクト）　新保理事より以下の通り報告された。

臨床宗教師の養成課程に関わっている。ソーシャルワーク専門職との接点をもつ中で、宗教者の社会的実践の基盤となる価値、仏教の価値について検討している。ここ数年、養成課程に関わりながら見えてきたことがあるので、今年、できるだけ早く形にしていきたい。

また、淑徳大学のアジアにおける仏教ソーシャルワークの学術研究に協力している。新保所属の大正大学チームは中国を担当している。なお台湾・中国・韓国の三つの地域については日本語版が先行して刊行される予定である。

②学会パンフレットについて

事務局より以下の通り報告された。

今般、広報事業の一環として、学会の三つ折りパンフレットを作成した。費用等については平成三〇年度決算で述べた通りで、七百部を作成した。

平成二十九年度版『宗教年鑑』を参照し、「教師数五百名以上の団体」、および仏教社会福祉と関連のある団体をピックアップし、四十二の団体にパンフレットを五部ずつ送付した。団体名は以下の通り。（なお、真言宗善通寺派は昨年度、団体会員にご入会いただいたので、今回は送付していない）

天台宗・天台寺門宗・天台真盛宗・本山修験宗・金峯山修験本宗・念法眞教・高野山真言宗・真言宗醍醐派・真言宗御室派・真言宗大覚寺派・真言宗智山派・真言宗豊山派・真言宗国分寺派・真言宗金剛院派・真如苑・浄土宗・浄土宗西山禅林寺派・西山浄土宗・浄土真宗本願寺派・真宗大谷派・真宗高田派・真宗興正派・真宗佛光寺派・時宗・臨済宗妙心寺派・曹洞宗・日蓮宗・日蓮正宗・法華宗（本門流）・本門佛立宗・霊友会・妙智会教団・佛所護念会教団・大慧會教団・立正佼成会・思親会・日蓮誠宗・華厳宗・真言律宗・黄檗宗・融通念仏宗・孝道教団

事務局　今後も、地道なＰＲを継続していきたい。必要であれば発送するので、部数を事務局までお知らせください。

③ＨＰ更新予定について（一回目）

事務局よりＨＰ更新予定が示された。

・新着情報　第五十四回学術大会について

・日本仏教社会福祉学会会則（改訂版）

・日本仏教社会福祉学会　大会テーマ一覧（二〇一六〜二〇一八年分を追加したもの）

・学会賞　第六回　頼尊氏追加

第七回要項改訂　授賞式＝令和三年度

・年報　四十九号目次に改訂

期間号総目次を二〇一九年版に改訂

・ニュースレター

第三〇号追加、可能であれば第三十一号も追加

・個人会員（一般会員）　入会申込書改訂版

・会員種別変更希望届

・年会費　新しい会員種別に改訂して記載

・学会パンフレットＰＤＦ　追加

令和元年度　日本仏教社会福祉学会
第二回理事・役員会報告

日時：令和元年九月一〇日（火）
九時〇〇分～一〇時三〇分
場所：浅草寺　五重塔院

出席（敬称略）
代表理事　清水　海隆
個人理事　石川　到覚・栗田　修司・新保　佑光
長崎　陽子・長谷川匡俊・藤森　雄介
宮城洋一郎・鷲見　宗信
団体理事　宮崎　牧子・長上　深雪・吉村　彰史
監　事　梅原　基雄
事務局長　吉村　彰史（団体理事兼任）

欠席
個人理事　落合　崇志・田宮　仁・野田　隆生
団体理事　小島　恵昭・渋谷　哲・池上　要靖
監　事　山口　幸照

議事報告

事務局　事務局長より開会の宣言。定足数の確認。欠席理事の先生方からは委任状を頂いている。理事役員数の二分の一以上の出席。理事会規定第六条に基づき本理事会は成立している。規定に基づき、代表理事を議長とした。

議案

〔第一号議案〕会員の異動について

（一）入会会員の承認について

次の個人会員四名の入会の申し出が説明され、承認された。

○一般会員
宮本　雄司（社会福祉法人同和園所属　京都市百々老人デイサービスセンター生活相談員）

○学生会員
三上　民喜（龍谷大学大学院社会学研究科　博士後期課程
社会福祉学専攻）
淡路　和孝（龍谷大学大学院社会学研究科博士後期課程
社会福祉学専攻）
中村　明美（龍谷大学大学院社会学研究科博士後期課程
社会福祉学専攻）

（二）退会会員の承認について

次の個人会員四名の退会について説明され、承認された。
佐藤文哉・保科和久・稲場圭信・古井秀法

以上のことから、二〇一九年九月一〇日現在の会員数は以下の通りとなった。

個人会員　一九六＋四・四＝一九六名

団体会員　二十三団体

合計　二一九会員

（三）会員種別変更について

学生会員に変更　前廣　美保・安藤　徳明

賛助会員に変更　宇都　榮子・奈良　修三・藤田　和正・丹羽　正子・千草　篤磨

実践会員に変更　土賀恵心

これにより、令和元年度　個人会員の内訳は以下の通りとなった。

一般会員一八六名、学生会員五名、賛助会員四名、実践会員一名

（合計一九六名）

〔第二号議案〕令和二年度事業計画（案）ならびに予算（案）

まず事業計画（案）について、事務局より以下の通り説明された。

1．理事会・総会開催予定

令和二年度理事会

第一回　令和二年四月十八日（土）

（於：立正大学　品川キャンパス）

第二回　日程・場所　検討中

令和二年度総会　日程・場所　検討中

2．年報刊行事業

令和二年度　第五十一号刊行

3．研究助成事業

（一）仏教社会福祉勉強会の開催

（二）学会賞（学術賞・奨励賞）授与事業

第八回学会賞（対象期間：平成三〇年一月一日～令和二年十二月三十一日）

4．第五十五回学術大会開催事業　検討中

5．広報事業

（一）ニュースレターの発行（年二回）

（二）ホームページ維持・管理（株式会社　国際文献社）

（三）メーリングリストでの情報提供

（四）各仏教系団体等への勧誘

（五）他学会等との交流・協力

6．研究事業

（一）仏教ソーシャルワーク研究プロジェクト（委員長：新保祐光）

（二）仏教社会福祉学研究史（仮）プロジェクト（委員長：池上要靖）

（三）「日本の地域社会におけるソーシャルワークと仏教の協働モデルの開発」プロジェクト（委員長：藤森雄介）

7．学会事業担当

（一）担当理事及び委員会

① 年報編集担当理事：栗田修司

② 研究担当理事：

・仏教ソーシャルワーク研究プロジェクト：新保祐光

・「日本の地域社会におけるソーシャルワークと仏教の協働モデルの開発」プロジェクト：藤森雄介

・仏教社会福祉勉強会：長上深雪・梅原基雄

・『仏教社会福祉学研究史（仮）』編集刊行委員会：池上要靖

（二）事務局：吉村彰史

次に、上記計画に対する予算（案）について、事務局より説明された。

収入の減額は、会員数の若干の減少と、会員種別の変更による会費の減額を反映させているからである。しかし、種別を増やしたのは会員数を増やすためでもある。今後、広報を充実するなどして会員数を増加させていきたい。

支出の減額は、交通費を現況に合わせたこと、また理事選挙事務費が今回は計上されないことによる。

以上の予算（案）が承認された。

〔第三号議案〕令和元年度第五十四回大会および令和二年度第五十五回大会について

理事会冒頭に浅草寺福祉会館主任の平田真紹氏よりご挨拶があり、金田寿世氏より大会スケジュール、会場等についての説明があった。

また、議長より、第五十五回大会については検討中であること、関西・関東の順で行くとすれば、次は特に関西の理事・役員を中心に五輪後の開催を検討していただきたい旨、説明があった。

〔第四号議案〕理事選出選挙結果ならびに次期理事・役員構成について

1．理事選出選挙の流れ

平成三十一年四月二〇日　選挙管理委員会設置

（藤森雄介・百瀬ユカリ・吉村彰史）

令和元年六月七日　選挙関連書類一式を発送

七月六日　投票〆切

七月十九日　開票

七月二十五日　結果を理事・役員に報告後、代表

理事と調整

九月一〇日　理事会で顔合わせ及び総会にて承認

2.（確認）日本仏教社会福祉学会理事選出規程（抜粋）

第四条（理事の構成および定員）

1.本学会の理事は、個人会員選出理事（以下、個人理事）と団体会員選出理事（以下、団体理事）とする。なお、団体理事は、当該団体の代表者にこだわらず、学会会員たる者とする。

2.理事定員は十八名とする。理事の選出にあたっては、a.選挙による選出枠を一〇名、b.被選出者による推薦枠を八名以内とする。

a.選挙による選出枠のうち、個人理事を七名、団体理事を三名とする。

b.被選出者による推薦枠のうち、個人理事と団体理事の比率は特に定めないが、地域的配分が考慮されることが望ましい。

第五条（理事選出の方法・手順・理事役員会の構成）

1.個人理事の選出にあたっては、各個人会員が二名を連記する無記名投票により得票数の多い順により選出する。

2.団体理事の選出にあたっては、各団体会員が二団体を連記する無記名投票により得票数の多い順により選出する。

3.個人会員・団体会員別に選挙を実施し、得票数の上位者より定数までを理事候補者とし、選出された理事候補者からの推薦理事候補者と併せてこれを総会の議に諮る。

4.代表理事は総会の承認を得た理事の互選によって選出する。

5.監事は、理事会の推薦により決定する。その職務の内容から、少なくとも一名は本会事務局の所在地に近在の者が望ましい。

3.理事候補者

選挙結果は以下の通りであった。（〇は得票数）

【個人】

清水海隆⑪　新保祐光⑪　石川到覚⑨　藤森雄介⑨
長谷川匡俊⑨　栗田修司⑥　宮城洋一郎⑥　長上深雪⑥
池上要靖⑤　古宇田亮修③　村井龍治③　渋谷哲②
吉村彰史②　佐賀枝夏文②　谷山洋三②　奈倉道隆②
落合崇志②　小笠原慶彰①　小山典勇①　佐々木隆夫①
清水教恵①　中野東禅①　野田健①　村上逸人①
吉水岳彦①　鷲見宗信①　山口幸照①　小島恵昭①
長崎陽子①　田宮仁①　梅原基雄①

（投票件数五十二、有効投票数一〇四）

【団体】

大正大学④　龍谷大学③　淑徳大学③　立正大学③
駒澤大学②　同朋大学②　佛教大学②　大谷大学②
日蓮宗現代宗教研究所②　身延山大学①　浅草寺①
記載なし①
（投票件数十三、有効投票数二十五、無効票一）

個人会員選出理事候補者（得票順七名）
清水海隆⑪・新保祐光⑪・石川到覚⑨・藤森雄介⑨・栗田修司⑥・宮城洋一郎⑥・長上深雪⑥・池上要靖⑤
※長谷川会員⑨は名誉会員推薦基準内規に該当
※長上会員⑥は龍谷大学の団体理事担当者にまわるため個人理事は辞退
※理事会推薦　長崎会員①を個人理事に選出

団体会員選出理事候補者（得票順）（カッコ内は現担当者名。新担当者は後日）
　大正大学④（宮崎）
　龍谷大学③（長上）
　淑徳大学③（渋谷）
　立正大学③（吉村）
※得票数同数のため四団体となる。

監事候補者
　梅原基雄会員（元淑徳短大）
　山口幸照会員（密教福祉研究所）

＊代表理事候補者は、慣例では個人会員選出理事中の得票数上位者より、新旧理事懇談会で決定して、総会に諮る手順となる。
↓清水理事と新保理事が同数であり、協議を経て、清水理事が代表理事候補者となった。（個人理事八名、団体理事四名、幹事二名体制）

4．役員体制

研究事業担当理事
（一）仏教ソーシャルワーク研究プロジェクト（委員長：新保祐光）
（二）仏教社会福祉学研究史（仮）プロジェクト（委員長：池上要靖）
（三）「日本の地域社会におけるソーシャルワークと仏教の協働モデルの開発」プロジェクト（委員長：藤森雄介）

学会事業担当
（一）担当理事及び委員会
①年報編集担当理事：栗田修司
②研究担当理事：
・仏教ソーシャルワーク研究プロジェクト：新保祐光
・「日本の地域社会におけるソーシャルワークと仏教の

協働モデルの開発」プロジェクト：藤森雄介
・仏教社会福祉勉強会：長上深雪・梅原基雄
・『仏教社会福祉学研究史（仮）』編集刊行委員会：
池上要靖

（二）事務局：吉村彰史

〔第五号議案〕学会賞表彰への問い合わせについて

昨年度の学会賞（奨励賞）表彰（頼尊恒信会員『真宗学と障害学―障害と自立をとらえる新たな視座の構築のために』（生活書院、二〇一五年））について、上原英正会員より問い合わせがあった。

学会賞の審査にあたっては、本件の進言を踏まえてより丁寧な審査をすること、またこうした学会賞に関する疑義に関しては随時受け付け回答すること等を理事会にて確認した。また理事会当日、清水代表理事、新保理事、藤森理事が上原会員との面談の機会を設けた。

※本件は継続して理事会にて検討・対応していく。

報告事項

①各担当理事の報告

（年報編集・査読）栗田担当理事より、以下の通り報告された。活動進捗状況報告については、

・『年報』五〇号の発行について大会原稿（事務局関係）は校正中。投稿論文は、二本の投稿があったが、一本は査読後に辞退され、もう一本は第一回査読終了し、執筆者に修正を依頼中。返却後、編集委員会にて掲載可否について検討予定。書籍紹介については、一本は印刷所にすでに提出、もう一本は原稿依頼済み。
・投稿原稿のフローチャートについては、委員会で検討の必要あるため「事業・活動予定」に記載。
・事例研究の論文作成方法については継続課題だが、学術大会報告原稿の事前倫理審査を始めたことで一定の改善を見たと考えている。

活動予定については、
・『年報』五〇号発行にむけての編集作業と発行
・年報編集委員会の開催（令和元年九月十一日予定、於：浅草寺福祉会館）
・『年報』五十一号発行にむけての編集作業
・投稿原稿から掲載までのフローチャートの明記等（継続）
・論文執筆のためのサポート体制についての検討（継続）
・特に事例研究の論文作成方法に関して
・査読委員の委嘱・任期等についての検討（継続）

その他、編集委員・査読委員の任期・交代については次回春の理事会をめどに確認すること、また書籍紹介やその掲載

広告についても検討した。

（仏教ソーシャルワーク研究プロジェクト） 新保担当理事より、以下の通り報告された。活動進捗状況報告については、

・今年度は淑徳大学の私立大学戦略的研究基盤形成支援事業「アジアのソーシャルワークにおける仏教の可能性に関する総合的研究」の最終年度のため、その研究協力を行っている。石川理事、新保ともに今月中旬の締め切りに合わせ、とりまとめを行っている。

・淑徳大学の事業とは別に、台湾の寺院が社会貢献活動の拠点となっている場所の見学と聞き取りをおこなった。

・大正大学大学院における臨床宗教師養成にかかわるなかで、臨床宗教師と仏教ソーシャルワークの関連等について検討をおこなった（臨床宗教師講座受講生に対し、傾聴のみでなくミクロレベルの直接援助に関わる知識、および宗教的価値に基づく気づきをもたらす語りかけ等が有用か、またそれが臨床宗教師の専門性と矛盾しないか等の議論を行っている）。そのなかで仏教ソーシャルワークとは何かをより明確にしたいと考える。

活動予定については、

・淑徳大学の私立大学戦略的研究基盤形成支援事業「アジアのソーシャルワークにおける仏教の可能性に関する総合的研究」への研究協力をもって、その継続研究に伴う体制づくりの再編成を検討する。

・今後、本学会員で地域ベースの幅広いソーシャルワーク領域の研究者も加えたアジア仏教ソーシャルワークの検討とともに、引き続き日本仏教ソーシャルワーク研究の深化に向けて進めていく。

・臨床宗教師の養成に関わるなかで、仏教ソーシャルワークとは何かの検討を継続していく。

・平成二十八年度に終えた科研の成果を投稿中である。

（「日本の地域社会におけるソーシャルワークと仏教の協働モデルの開発」（略称：「国内開発」）藤森担当理事より、以下の通り報告された。活動進捗状況報告については、

・「東日本大震災を契機とした地域社会・社会福祉協議会と宗教施設（仏教寺院・神社など）との連携に関する調査」について、現在、調査報告書を作成中（学会大会までの発行を目指すとしていたが、現在、最終稿編集中）。また、関連する事例をまとめた報告書の作成も同時に進行中。

・「仏教社会支援活動プラットフォーム（ＢＰＨ）」について、登録状況は足踏み状態だが、七月三十一日には日蓮宗宗務院より詳細な説明を求められる等、関心を持っていただく手ごたえはある。宗派教団の理解を進める為、全日本

仏教会の賛助会員に淑徳大学アジア国際社会福祉研究所として加盟申請を行った。

活動予定については、本研究を推進してきた「私立大学戦略的研究基盤形成支援事業」が本年度で最終年度となる為、その最終報告の機会も兼ねて、十二月二〇日・二十一日の両日、第四回淑徳大学アジア国際社会福祉研究所学術フォーラム『仏教ソーシャルワークの旅～アジアのソーシャルワークにおける仏教の可能性を探る～』を開催する。会場は、日本ソーシャルワーク学校連盟研修室である。

「仏教社会福祉勉強会」担当梅原幹事・長上理事より、二月は梅原会員を講師として勉強会を開催することができたが、今後も体制を整えながら随時開催していきたい旨、報告された。

②事務局報告　令和元年度総会について

事務局より、総会が予定通り九月一〇日十六時より開催する旨が報告された。

③その他　報告事項

（一）日本社会福祉系学会連合「多様性時代における学会による合理的配慮と支援に関する実態調査（二〇一九年）」結果概要について

【調査目的】近年多様なニーズをもちながら研究に従事している人々が増加している。このような多様な状況にある人々の研究活動を支援するために、社会福祉系の学会がどのような合理的配慮・支援を行っている（検討している）のかを明らかにする。

【調査方法】社会福祉系加盟学会（二十二学会）に対して、メールにより調査依頼状および調査票を送付し、電子ファイルに書き込むかたちで事務局まで返送してもらった。調査実施時期は二〇一九年七月～八月である。

【調査内容】調査は、障がい者、ひとり親家庭、女性、若手、留学生、学生・院生、定年退職者、生活困窮者、被災者、現場実践者、その他（対象を設定しない場合も含む）の各対象ごとに、対象者の資格要件、合理的配慮・支援の具体的内容、実施にむけた検討課題、について記述してもらった。

【倫理的配慮】一般社団法人日本社会福祉学会研究倫理規程にしたがって実施した。調査結果の開示にあたっては、特に許可を得ない限り学会名を公表しないことを明記した。本調査の趣旨を書面において説明したうえで、調査票記入用紙の返送をもって同意とみなした。

【回収状況】二十二学会のうち、十八学会より回答を得た。

【主要な調査結果】

①合理的配慮・支援を実施している対象は、「学生・院生」

が最多であり、十四学会（＋検討中一学会）であった。続いて「障がい者」八学会、「若手」六学会、「留学生」六学会（＋一学会が検討中）、「現場実践者」五学会（＋三学会が検討中）、「被災者」五学会と続いている。また、「その他」で「育児中の保護者」に対する支援が四学会から報告されている。

②「学生・院生」への支援では、大会費の減免が八学会と最も多く、年会費の減免が二学会、両者とも減免が四学会となっている。

③「障がい者」に対しては、希望者への大会時の手話、要約筆記などの情報保障のほか、大会時のバリアフリーのチェックや当事者・家族に対して大会参加費の減免をしている学会がある。

④「若手」については、年齢に関係なく、研究歴の浅い人であることを資格要件としている学会がみられる。合理的配慮・支援の内容には、ワークショップ、研究助成、学会（奨励）賞などがある。

⑤「留学生」に対しては、学生会員と同様の減免をしているところが多いが、就職せずに母国に帰国した留学生について、年会費一年分の支払いで五年間会員の権利を得られるよう配慮している学会がある。

⑥現場実践者では、「準会員」などの資格で年会費を減免している学会があるほか、研究助成金の提供や、「研究報告」と「実践報告」に分けて発表の場を確保するよう配慮している学会もある。

⑦「その他」では、「育児中の保護者」である会員に対して、大会時に託児サービスを実施している学会が四学会ある。

⑧「被災者」では、年会費の減免が三学会でなされている。

⑨「定年退職者」に対しては、二学会で年会費の減免・割引が実施されている。

⑩「生活困窮者」「被災者」等で「申し出」によって適宜、対応をしている学会がある。

【課題】

・おかれている状況が多様であることから、属性カテゴリーなどで一律に配慮するのではなく、研究遂行上の困難やニーズによる配慮が必要ではないかという意見がある。

・小規模であるため、相談があり次第、適宜対応している学会もある。

・属性カテゴリーによって検討中であると回答する学会が多く存在する。

（二）第四回淑徳大学アジア国際社会福祉研究所国際学術フォーラム「仏教ソーシャルワークの旅―アジアの

ソーシャルワークにおける仏教の可能性を探る」

二〇一九年十二月二〇・二十一日

於：日本ソーシャルワーク教育学校連盟研修室

二〇日　アジア仏教ソーシャルワークの歩み、これからの道

二十一日午後「indigenization インディジナイゼイション」は答えになるのか　グローバル定義 "Indigenous Knowledge" の意味

問題提起：淑徳大学アジア国際社会福祉研究所（ARIISW）

カナダの理解：ニコル・イヴェス（カナダ マギール大学）

アジアの理解：ベトナム、スリランカ、タイ、モンゴル、ブータン、日本

（三）西本願寺医師の会「看護師・介護職のための仏教講座～臨床現場における苦しみとその解放～」

二〇一九年一〇月十二日（土）十三時～十七時

於：本願寺津村別院（北御堂）津村ホール

講演１「苦しみとは何か?」月江教昭（那珂川病院緩和ケア部長／浄土真宗本願寺派真教寺住職／西本願寺医師の会世話人）

講演２「苦しみからの解放」出口湛龍（ビハーラ総合施設理事長／浄土真宗本願寺派称名寺住職）

講演３「あそかビハーラ病院での緩和ケア」大嶋健三郎（あそかビハーラ病院院長／西本願寺医師の会顧問）

令和元年度　日本仏教社会福祉学会　総会報告

浅草寺にて開催された第五十四回大会の初日、九月一〇日十六時より、令和元年度総会を開催した。

鷲見宗信理事が議長に選出され、平成三〇年度事業報告及び決算、令和二年度事業計画及び予算について議事が進められた。梅原監事による会計監査も報告された。

また、総会に先立ち行なわれた第二回理事・役員会にて代表理事候補に選出された清水海隆会員が、引き続いて代表理事に承認された。

報告事項としては、会員の異動や担当理事・役員会からの報告がなされた。

また来年度、第五十五回大会の詳細は未定であるが、関西地方での開催予定で調整中であることが報告された。

審議された議案四件、報告事項五件については、全件が承認された。

日本仏教社会福祉学会役員名簿（二〇一九年度）

Ⅰ　個人会員選出理事

清水　海隆（立正大学）代表理事
石川　到覚（大正大学）
落合　崇志（大正大学）
栗田　修司（龍谷大学）
新保　祐光（大正大学）
田宮　　仁（淑徳大学）
長崎　陽子（龍谷大学）
野田　隆生（華頂短期大学）
長谷川匡俊（淑徳大学）
藤森　雄介（淑徳大学）
宮城洋一郎（種智院大学）
鷲見　宗信（大正大学）

Ⅱ　団体会員選出理事

淑徳大学　渋谷　哲
大正大学　宮崎　牧子
同朋大学　小島　恵昭
身延山大学　池上　要靖
立正大学　吉村　彰史
龍谷大学　長上　深雪

Ⅲ　監事

梅原　基雄（淑徳大学短期大学部）
山口　幸照（密教福祉研究所）

Ⅳ　学会事業・事務局

年報編集委員長　栗田　修司（龍谷大学）
仏教ソーシャルワーク研究プロジェクト委員長　新保　祐光（大正大学）
日本の地域社会におけるソーシャルワークと仏教の協働モデルの開発プロジェクト　藤森　雄介（淑徳大学）
『仏教社会福祉学研究史（仮）』編集委員長　池上　要靖（身延山大学）
『仏教社会福祉入門』を活用した勉強会　東部　梅原　基雄（淑徳大学短期大学部）
西部　長上　深雪（龍谷大学）
事務局長　吉村　彰史（立正大学）

平成30年度　日本仏教社会福祉学会　収支決算書
平成30年４月１日～平成31年３月31日

収入の部　　（単位：円）

項目	予算額	決算額	増・減（▲）	摘要
前年度繰越金	50,600	1,610,118	1,559,518	
個人会員費	1,648,000	1,348,000	▲ 300,000	8,000円×167口 +6,000円×２口
団体会員費	660,000	570,000	▲ 90,000	30,000円×19口
貯金利子	1,000	34,540	33,540	ゆうちょ銀行口座利子、定期満期分利子34,526円
雑収入	50,000	84,000	34,000	年報売上
収入計	2,409,600	3,646,658	1,237,058	

支出の部

項目	予算額	決算額	増（▲）・減	摘要
大会助成費	400,000	400,000	0	第53回大会助成（身延山大学）
年報刊行費	1,000,000	791,640	208,360	年報49号編集経費
研究費	100,000	10,000	90,000	関東ブロック勉強会、講師謝礼
会議費	20,000	6,528	13,472	理事会会議費等
交通費	200,000	76,340	123,660	諸会議交通費等
通信運搬費	100,000	150,444	▲ 50,444	郵便及宅急便費
事務費	30,000	16,450	13,550	文具消耗品
謝金	300,000	360,000	▲ 60,000	事務員謝金
雑費	5,000	4,276	724	振込手数料
学会賞賞金	150,000	50,000	100,000	頼尊恒信会員（奨励賞）
学術会議分担金	20,000	30,000	▲ 10,000	日本社会福祉学系学会連合
ホームページ維持費	32,400	32,400	0	平成30年度支払（国際文献社）
理事選出選挙事務費	0	0	0	
予備費	20,000	17,585	2,415	学会賞関連＋学会三つ折りチラシ印刷（700部6,566円）
支出計	2,377,400	1,945,663	431,737	

収支総合計

項目	予算額	決算額	増・減（▲）	摘要
収入計	2,409,600	3,646,658	1,237,058	
支出計	2,377,400	1,945,663	▲ 431,737	
次年度繰越金	32,200	1,700,995	1,668,795	平成31年度へ

※学会特別基金①1,000,000円（平成20年７月23日付にて郵便定額貯金で保管）

令和２年度　日本仏教社会福祉学会　収支予算書
令和２年４月１日～令和３年３月31日

収入の部

（単位：円）

項　　目	令和２年度予算	前年度予算	増・減（▲）	摘　　　要
前年度繰越金	35,800	32,200		
個人会員費	1,515,000	1,600,000	▲ 85,000	8,000円×185口、学生3,000円×５名、賛助5,000円×５名、実践5,000×１名
団体会員費	690,000	690,000	0	30,000円×23口
貯金利子	1,000	1,000	0	郵便口座利子等
雑収入	50,000	50,000	0	年報売上代金等
収入計	2,291,200	2,373,200	▲ 81,400	

支出の部

項　　目	令和２年度予算	前年度予算	増（▲）・減	摘　　　要
大会助成費	400,000	400,000	0	第55回大会助成
年報刊行費	1,000,000	1,000,000	0	第51号印刷費
研究費	100,000	100,000	0	仏教社会福祉勉強会の際の経費等
会議費	20,000	20,000	0	理事会会議費等
交通費	100,000	150,000	▲ 50,000	諸会議交通費等
通信運搬費	170,000	150,000	20,000	郵便及宅急便費
事務費	50,000	50,000	0	文具消耗品及封筒印刷等
謝金	360,000	360,000	0	事務員謝金
雑費	5,000	5,000	0	振込手数料等
学会賞賞金	0	0	0	第７回学術賞・奨励賞　次回令和２年度
学術会議分担金	30,000	30,000	0	日本社会福祉学系学会連合
ホームページ維持費	33,000	32,400	600	ホームページ更新費
理事役員選出選挙事務費	0	30,000	30,000	理事改選・次回令和４年度
予備費	10,000	10,000	0	
支出計	2,278,000	2,337,400	▲ 59,400	

収支総合計

項　　目	令和２年度予算	前年度予算	増・減（▲）	摘　　　要
収入計	2,291,800	2,373,200	▲ 81,400	
支出計	2,278,000	2,337,400	▲ 59,400	
次年度繰越金	13,800	35,800	22,000	令和３年度へ

※学会特別基金①1,000,000円（平成20年７月23日付にて郵便定額貯金で保管）

編集後記

コロナ禍が収まらない中でも季節は廻り、本誌の発行を今年も迎えることができました。本号は、浅草寺の第五十四回大会を掲載していますが、コロナ禍以前の学術大会の記録であり、ニューノーマルと言われる中での今後の学術大会とはおそらく異なる懐かしい形態の最後のものとなるのではないでしょうか。

基調講演は、浅草寺の勧学所長でもある壬生真康様が江戸の変遷との関連で浅草寺について学術的にまとめられた内容であり、本学会に新しい学術的視座を与える講演内容と言えましょう。続くシンポジウムでは、基調講演を踏まえて浅草寺などの寺院における福祉活動について、三名のシンポジストとコメンテーター、コーディネーターに実践現場の指定討論者二名も加えたユニークな方式のシンポジウムとなっています。

投稿原稿に関しては、今回も原著論文の採用がなかったことは残念です。しかし、常松会員の研究ノートは、独居高齢者の社会的孤立の支援に関し仏教的な手法の必要性を述べた貴重な提言です。行政職にあるので宗教との関わりの研究は取り掛かり自体、困難な面もあり個人的見解としての著述となっていますが、査読を経た研究ノートのレベルに達していて、ぜひ研究継続をしていただきたい内容です。また、楢木会員はこれまでにも本誌に掲載がされてきている方ですが、本実践報告は認知症カフェの学習効果について検討した意欲的なものです。

また、本誌でも、清水会員による図書紹介や事務局報告等を掲載していますので、ぜひ読んでいただければと思います。

最後にはなりますが、会員の皆様におかれましては、コロナ感染に気を付けつつ、研究・実践に励まれることを願っています。

（栗田修司）

日本仏教社会福祉学会年報　第51号

令和三年三月二〇日印刷
令和三年三月二八日発行

定価（本体二、五〇〇円＋税）

編集・発行　日本仏教社会福祉学会

事務局　〒360-0194
埼玉県熊谷市万吉一七〇〇
立正大学　社会福祉学部内
（TEL〇四八－五三六－一三三八㈹）
（FAX〇四八－五三六－二五二二㈹）

発売元　不二出版株式会社
〒112-0005
東京都文京区水道二－一〇－一〇
（TEL〇三－五九八一－六七〇四）

組版・印刷・製本　株式会社　白峰社

ISBN978-4-8350-6709-4

年報掲載原稿募集！

本誌の一層の充実のため、会員各位の積極的な投稿をお待ちしております。

内容は、（A）研究論文・実践報告・研究ノート等、（B）図書紹介・著者紹介・仏教社会福祉系施設紹介等です。

（A）研究論文等の投稿要領は、本誌掲載の「投稿規程」をご覧下さい。（B）図書紹介等は本誌一～二頁に収まるようにご執筆下さい（分量以外は（A）に準じます。）

（A）（B）ともに、印刷原稿三部を学会事務局へご提出下さい。提出が確認された後、投稿者へ「受付証」を発行致します。

なお、投稿に関するお問い合わせおよび原稿提出は、本誌奥付掲載の学会事務局までお願い致します。

編集委員会